中青年经济与管理学者文库

资本市场开放对高管薪酬激励的影响研究

权烨 著

中国财经出版传媒集团
中国财政经济出版社
北京

图书在版编目（CIP）数据

资本市场开放对高管薪酬激励的影响研究／权烨著．－－北京：中国财政经济出版社，2024.6
（中青年经济与管理学者文库）
ISBN 978－7－5223－3066－2

Ⅰ.①资… Ⅱ.①权… Ⅲ.①资本市场－对外开放－影响－企业－管理人员－激励－研究 Ⅳ.①F272.92

中国国家版本馆CIP数据核字（2024）第076296号

责任编辑：高文欣　　　　　　责任印制：史大鹏
封面设计：智点创意　　　　　　责任校对：徐艳丽

资本市场开放对高管薪酬激励的影响研究
ZIBEN SHICHANG KAIFANG DUI GAOGUAN XINCHOU JILI DE YINGXIANG YANJIU

中国财政经济出版社 出版

URL：http://www.cfeph.cn
E－mail：cfeph@cfeph.cn

（版权所有　翻印必究）

社址：北京市海淀区阜成路甲28号　邮政编码：100142
营销中心电话：010－88191522
天猫网店：中国财政经济出版社旗舰店
网址：https://zgczjjcbs.tmall.com
中煤（北京）印务有限公司印刷　各地新华书店经销
成品尺寸：147mm×210mm　32开　7.625印张　200 000字
2024年6月第1版　2024年6月北京第1次印刷
定价：36.00元
ISBN 978－7－5223－3066－2
（图书出现印装问题，本社负责调换，电话：010－88190548）
本社质量投诉电话：010－88190744
打击盗版举报热线：010－88191661　QQ：2242791300

策划人语

题记：一个人的精神成长史，取决于他的阅读史。只有阅读能最有效地培养精神生活习惯，而好的习惯又培养性格，性格决定人生。

——我们自豪，因为我们就是创造这精神产品的人。

选择了飞翔，总能看到蓝天；选择了远航，总能感受大海。人生不仅要作出选择，也要坚持住自己的选择。学会计、当编辑是我的意外选择。人说编辑是为人作嫁，可是这一选择我坚持了30年，苦在其中，乐在其中，也算是有声有色。每当我把一本本好书呈献给人们的时候，我觉得我是"富贵"的人：富，不是你身上的钱财，而是你心里的满足；贵，不是你地位的显赫，而是你被人需要的程度。

书海探寻,情怀永恒

我要说,做编辑我幸运,因为我不仅是第一个读者,可以对作品"品头论足",也可以对作品"生杀予夺";更重要的是,这是一个有很高层次的平台,在多年与名家的交往和名著的"对话"中,深深地为他们的人格和才学所感动,被作品的精彩所吸引,这不仅使我"下笔如有神",更使我的思想和灵魂也受到一次次洗礼和震撼,得到一次次升华。对于我的作者我的书,如数家珍,作者中不乏才学和为人同样过人的多位泰斗和"颜值高责任大"的众多才子佳人;策划的作品不仅立足专业还兼顾人文,也是情怀所在,专业加人文路才会更宽更远。

多年的体会是,作为一名编辑,起码要"三心二意",即"责任心、细心、耐心"和"服务意识、创新意识"。要多策划一些拳头产品,用一个选题推动一个系统工程,用一个系统工程培养一个出版社品牌。给新入职编辑讲座时我做过一个比喻:编辑两项基本功,审稿——甚至要比博导审批学生论文还要全面、细致;选题策划——要像电影导演一样做"星探",善于发现优秀作者和挖掘好的原创作品。记不清30年来我策划和编辑了多少书,组织和策划了大批教材、业务培训用书、通俗读物、理论专著等,有的获得过国家、省部级各类奖项,有的以其填补空白、社会热点、风格新颖、开拓尝试等特点受到读者的欢迎。正是:

一入书门情似海,

探寻经典职责在。

苦辣酸甜何其乐,

编辑人生也精彩。

想是问题,做是答案

众所周知,目前的图书出版业在行业竞争和纸质图书受到严重冲击的情况下,出版人无不感到莫大的危机。在这种背景下,我们还要积极应对,完善纸质图书的固有特质,拓宽纸媒的功能,挖掘出版内容和形式都精彩的原创作品，适应新形势下读者的更高需求。2017年至今，在新的时代环境下不断出新，我又策划了多套系列丛书和单本图书，不乏名家著作、教材、学术专著和实务丛书等，继续为扶持学术研究和总结实践最新成果，在高端研究与专业知识普及和应用之间搭建一座座有益的桥梁。

每一个时代的经济环境不同，理论研究和实务探索所需要解决的问题也有所差别。当前我国处于新的历史时期，市场环境和组织模式不断演变发展、推陈出新，经济、管理、财税等领域的新理论、新思想、新方法、新工具也层出不穷。乱花渐欲迷人眼，击水三千浪几何？这些领域的研究人员被时代赋予了更艰巨的责任，也面临着更高、更多元的要求，我们不仅要具备更广阔的学术视野，而且要有更严谨的学术思维。

输在犹豫，赢在行动

《中青年经济与管理学者文库》的作者，都是我国经济与管理领域的中坚力量，也是未来的大家。他们中有些人潜心从事理论研究，有些人则深耕在实务一线，但无论现实身份如何，视野全都没有被拘泥在"象牙塔"内。他们从不同视角对市场经济的不同要素进行细致审视，然后汇聚于"财经版"这面旗帜之下，相互碰撞，彼此激荡，力求在市场经济转型升级的关键时期留下最新鲜的"中国印记"。

这些经济与管理领域的中青年学者，就是我国市场经济发展的潜力与优势，他们的研究成果，不仅将引领市场经济的各个组成环节向更科学、更先进的方向发展，而且将成为我国政府和企业在未来经济世界扮演更重要角色的支点与动力。祝愿这些中青年学者能攀上更高的学术之山，走向更远的研究之路，也期待宏观、中观、微观各个层面的市场参与者都能从这套文库中得到切实的启发与指引，在全面深化改革、增强发展活力的关键时期，发挥正能量和积极作用，为经济社会发展增添新的动力！——这也是我策划此套丛书的初衷。

作始也简,毕也必巨

2021年,是一个非凡之年,纵观世界风云,抗击疫情"风景这边独好","十四五"规划开局,我们喜迎建党百年。"其作始也简,其将毕也必巨。"从"开天辟地""改天换地"到"翻天覆地""惊天动地",我们党经历了四个历史时期——救国大业、兴国大业、富国大业、强国大业,四件大事铸就了中国共产党百年辉煌。我们不禁感叹——风雨百年创辉煌,"天地"之间"有杆秤"。

2021年,还是一个纪念之年,出版社成立65周年和我从事编辑工作30周年。65年来,财经出版社始终坚持正确的舆论导向和鲜明的出版特色,努力为经济建设和财政工作服务,致力于为读者奉献经典作品,在中国财经出版传媒集团旗下发挥着更大的作用,取得更大的成就。作为一个有着20多年党龄的党员,我是生在新中国长在红旗下的幸运的一代,怀着对党无限的热爱和感恩,浓情做事、淡泊做人,用30年的情怀和坚守见证了出版业的转型,践行了编辑的天职,向党递交一份努力的答卷。

2017年策划出版《中青年经济与管理学者文库》至今已五年,得到了众多中青年学者的热烈响应与大力支持,文库诞生至今已囊括专著60余种,为中青年学者们提供了展示学术研究成果的平台,作者队伍不断壮大,作品陆续出版。如果您认可,如果您有意愿,欢迎您和您的朋友加盟我们的作者队伍!在中国财经出版传媒集团的"旗舰"下,中国财政经济出版社这"老字号",一定励精图治,谱写新的篇章。敬请关注"龙媒玉制新书坊"微信公众号,我们用"龙的精神,玉的品质"来助力您实现梦想!

策划人:樊清玉

邮箱:qingyuf@sina.com

2021年12月31日

　　资本市场开放是我国经济改革的重要议题,对于激发资本市场活力,进一步推动对外开放具有重要意义。特别是在我国实施"一带一路"倡议与推动人民币国际化的宏观背景下,进一步推动资本市场对外开放有助于实现资产的全球化配置,促进经济的长期增长。我国资本市场开放改革经历了B股和H股市场建立、交叉上市、合格境外机构投资者制度等一系列资本市场开放政策,2014年沪港股票市场互联互通(简称:沪港通)和2016年深港股票市场互联互通(简称:深港通)机制的正式实施是我国新一轮资本市场改革开放的里程碑,不仅有助于内地与香港资金的便捷融通,也为两地交易机制和监管制度的逐步接轨带来新的突破,对我国宏观层面的资本要素流动与微观层面的企业决策行为产生了深远影响。探讨资本市场开放在各领域的经济后果成为当前研究的重要命题。高管薪酬契约是现代公司制度中解决委托代理冲突最重要的制度安排,探究资本市场开放对高管薪酬激励的影响有助于探明股市互联互通交易制度的微观治理机制,深化对资本市场开放的公司治理改进效应的认识。

　　货币薪酬与股权薪酬是高管薪酬的主要构成部分,不仅体现了高管的人力资本价值，也是改善股东与高管之间委托代理问题的重要机制。合理的薪酬机制设计应当能够发挥积极的激励效果，激发高管工作积极性，促进企业价值创造。不合理的薪酬契约反而会成为高管侵占股东利益的工具，增加代理成本，成为委托代理问题的一部分。货币薪酬中高管超额薪酬反映了静态的高管薪酬与合理水平的背离，薪酬激励有效性反映了动态的高管薪酬变动与公司业绩的背离，是当前高管货币薪酬乱象研究的焦点问题，也是探究货币薪酬治理的主要视角。随着货币薪酬激励效用的边际递减，货币薪酬在激励高管承担风险减少短视行为方面的不完备性日益凸显，股权薪酬在高管薪酬中的占比逐渐上升，一定程度上替代了货币薪酬，成为高管薪酬契约风险激励强度的重要观察视角。高管薪酬结构是影响薪酬激励效果的重要因素，为综合探究高管薪酬契约的整体激励效果提供了重要视角。

本书选取股市互联互通交易制度实施的准自然实验场景，分别从高管货币薪酬激励和高管股权激励两个角度探究资本市场开放对高管薪酬契约的影响作用，然后在此基础上探讨资本市场开放对高管薪酬结构的影响以及可能产生的创新效应，以考察该制度的实施对公司治理的微观影响机制，为相关领域的研究补充更丰富的研究结论，为政策的有效实施乃至后续资本市场的深度开放提供丰富的证据支持。

沿着"货币薪酬激励——股权激励——薪酬结构及创新效应"的研究思路，本书设计如下7个章节展开研究：第1章绪论，阐明研究背景与意义、研究目标与思路、研究框架与方法以及主要创新点；第2章文献综述，梳理资本市场开放的经济后果、高管薪酬的影响因素、资本市场开放与高管薪酬等相关领域的相关文献，指出现有研究的不足与尚待补充之处；第3章理论基础，阐释委托代理理论、最优契约理论、管理层权力理论和人力资本理论的基本内容，阐明资本市场开放与高管薪酬激励关系研究的主要分析视角；

第4章基于管理层权力理论与最优契约理论,从高管超额薪酬与高管货币薪酬激励有效性两个角度,理论分析与实证检验资本市场开放对高管货币薪酬激励的影响,在此基础上分析可能的影响机制,从"用手投票"和"用脚投票"两个角度探究资本市场开放的治理方式,并考虑资本市场开放对货币薪酬增长的影响,考察管理者权力的调节效应;第5章从股权激励实施动机角度出发,理论分析与实证检验资本市场开放对高管股权激励的影响,探究具体的影响机制,拓展考察资本市场开放对高管隐性薪酬以及总薪酬的影响,考察产权性质的调节效应;第6章结合货币薪酬与股权薪酬,从股权薪酬占比的角度,理论分析与实证检验资本市场开放对高管薪酬结构的影响,以及这种影响可能产生的创新效应,拓展探究资本市场开放对高管薪酬结构调整的影响,并从风险承担水平的角度检验高管薪酬结构的风险激励效应,考察产权性质的调节效应;第7章研究结论与政策建议,总结实证研究结论,从公司高管薪酬契约设计、相关监管部门政策引导和投资者投资决策等角度提出相应的政策建议,指出研究局限,展望未来研究方向。

本书的研究发现包括:

第一,资本市场开放能够显著降低高管超额薪酬,提高高管薪酬业绩敏感性。资本市场开放对高管货币薪酬的治理作用存在股价信息反馈效应、信息环境改善、股东监督强化三条路径,资本市场开放有利于促进股价在高管薪酬契约中的指导作用,促进标的公司内外部信息环境的改善,加强股东对标的公司的监督力度,从而发挥积极的货币薪酬治理作用。进一步分析发现,经由股市互联互通引入的境外投资者主要通过"用脚投票"的方式发挥治理作用,而非"用手投票"。资本市场开放有助于抑制高管薪酬的过快增长,尤其是薪酬水平本身较高公司的薪酬增长,说明资本市场开放确实有助于抑制天价薪酬问题,促进薪酬回归合理水平。但是资本市场开放对高管超额薪酬的正向治理作用会受到管理者权力的限制，说明作为一种外部治理机制，资本市场开放治理作用的发挥依赖于一定的内部治理环境，只有在内部治理机制的配合之下，资本市场开放才能发挥预期的治理效果。

第二，资本市场开放能够促进公司对股权薪酬的选择，显著提高高管的股权薪酬强度。资本市场开放对高管股权薪酬的促进作用符合委托代理动机和人力资本动机，表明互联互通标的公司会出于缓解高管与股东之间的代理冲突以及留住高管等目的提高股权激励强度。进一步分析发现，除了货币薪酬和股权薪酬等显性薪酬外，资本市场开放能够显著降低高管隐性薪酬，但是对高管薪酬总额并无显著影响，说明资本市场开放在并未显著影响高管总薪酬的情况下，通过影响货币薪酬与股权薪酬的权衡与选择，改变高管薪酬结构。资本市场开放对高管股权激励的促进作用受到国有产权性质的约束，仅在非国有企业中存在，说明资本市场开放并不能突破国有企业对股权激励的限制，只能在相对自由的环境中发挥股权激励的促进作用。

第三，资本市场开放能够显著促进高管薪酬结构调整，提高股权薪酬在高管薪酬中的比例，并且这种促进作用进一步会提升高管的风险承担积极性，促进企业创新。进一步分析发现，资本市场开放对高管薪酬结构的影响主要体现在公司向高管授予更多股权的主动调整上，而非高管薪酬结构的被动调整，说明资本市场开放下标的公司高管薪酬变动属于主动行为。资本市场开放对高管薪酬结构的影响会促进企业整体风险承担水平的上升，进一步验证了资本市场开放下高管薪酬结构调整的风险激励效应。国有产权会降低高管薪酬结构对企业创新的促进作用，说明薪酬管制严格以及过度风险规避型的企业环境不仅抑制了高管的创新积极性，也降低了高管薪酬激励对企业创新的促进作用。

本书可能存在的创新点包括：

第一，从外部治理环境和境外投资者的角度探究了高管薪酬契约的影响因素，拓展了高管薪酬契约领域的研究。已有文献主要基于管理层和内部治理机制的角度研究考察高管薪酬契约的决定要素，对于外部治理机制的研究仅关注了经理人市场竞争、政府干预、债权人约束和媒体报道等因素，鲜少关注公司所处外部治理环境变动的影响。资本市场开放是我国金融市场改革的重要举措，也是改善和优化公司治理机制的重要措施。本书以互联互通政策的实施为准自然实验，从高管薪酬契约视角提供了外部治理环境和境外投资者影响公司治理的新的经验证据，补充高管薪酬契约的研究文献，可供后续的相关研究借鉴。

第二，多角度检验了资本市场开放对高管薪酬契约的治理效应和影响路径，丰富了资本市场开放经济后果的相关文献。关于资本市场开放的经济后果，已有研究主要关注其在宏观层面的经济后果，对微观经济后果的研究则集中在公司的投融资决策、现金持有决策、股利政策和信息披露行为等方面，对高管薪酬契约的研究相对较少，而且大多集中于货币薪酬与隐性薪酬领域，对于高管薪酬缺乏更为系统的研究。相比于以往文献，本书首先基于静态的薪酬水平与合理水平的背离以及动态的薪酬变动与公司业绩的背离两类薪酬乱象，选择高管超额薪酬与薪酬有效性两个视角，探究资本市场开放对高管货币薪酬激励的治理效应。同时，结合互联互通交易制度的设计特点及其所引入境外投资者的治理方式，从股价信息反馈效应、内外部信息环境和股东监督三个角度解析资本市场开放对高管货币薪酬激励的影响路径。其次，从高管持股比例的角度探究资本市场开放对高管股权激励的影响，并且结合股权激励实施动机探究其影响机制。最后，从股权薪酬占比的角度考察资本市场开放对高管薪酬结构的影响，并且选择企业创新作为企业风险决策的观测对象，探究资本市场开放条件下高管薪酬结构调整的风险激励效应。本书对高管薪酬激励的研究相对现有研究更为完整系统，包括正式薪酬契约中最重要的货币薪酬与股权薪酬两部分，并且不局限于单一薪酬方式的选择，而拓展至薪酬结构的研究为丰富高管薪酬契约领域的研究补充新的研究证据，有利于深化对中国资本市场开放的微观治理效应认识。

  第三，将宏观资本市场变化与微观薪酬制度联系起来，放入统一的公司治理研究框架，为互联互通政策的实施提供新的经验依据和政策启示。已有文献对我国资本市场开放的研究主要集中在实施时间较早的QFII制度和交叉上市制度。2014年和2016年实施的互联互通政策作为我国资本市场对外开放的重大举措，其政策实施效果的检验和分析对我国未来金融市场改革意义重大。政策执行至今，尚未有从高管薪酬契约角度对其政策效果的系统性研究。本书将宏观资本市场变化与微观薪酬制度相联系，探究了互联互通政策对公司治理机制的影响效果，从公司治理的角度检验了互联互通政策效果，有助于为该政策的有效实施乃至后续资本市场的深度开放提供丰富的证据支持，具有一定的政策参考价值。

第1章 绪论	(1)
1.1 研究背景与意义	(1)
1.2 研究目标与思路	(7)
1.3 研究框架与方法	(9)
1.4 主要创新点	(12)
第2章 文献综述	(14)
2.1 资本市场开放研究综述	(14)
2.2 高管货币薪酬激励研究综述	(21)
2.3 高管股权激励研究综述	(38)
2.4 高管薪酬结构研究综述	(42)
2.5 资本市场开放与高管薪酬激励	(45)
2.6 文献评述	(46)
第3章 理论基础与机理分析	(49)
3.1 基础理论	(49)
3.2 资本市场开放与高管薪酬激励的分析框架	(54)
3.3 本章小结	(59)
第4章 资本市场开放对高管货币薪酬激励的影响	(61)
4.1 问题的提出	(61)

  4.2 理论分析与研究假设 …………………………………（64）
  4.3 研究设计 ………………………………………………（70）
  4.4 实证结果与分析 ………………………………………（74）
  4.5 影响机制检验 …………………………………………（99）
  4.6 进一步分析 ……………………………………………（105）
  4.7 本章小结 ………………………………………………（111）

第5章 资本市场开放对高管股权激励的影响 ………………（113）
  5.1 问题的提出 ……………………………………………（113）
  5.2 理论分析与研究假设 …………………………………（116）
  5.3 研究设计 ………………………………………………（119）
  5.4 实证结果与分析 ………………………………………（122）
  5.5 影响机制检验 …………………………………………（140）
  5.6 进一步分析 ……………………………………………（144）
  5.7 本章小结 ………………………………………………（149）

第6章 资本市场开放对高管薪酬结构的影响及创新效应 …（150）
  6.1 问题的提出 ……………………………………………（150）
  6.2 理论分析与研究假设 …………………………………（153）
  6.3 研究设计 ………………………………………………（161）
  6.4 实证结果与分析 ………………………………………（164）
  6.5 进一步分析 ……………………………………………（185）
  6.6 本章小结 ………………………………………………（191）

第7章 研究结论与政策建议 ………………………………………（192）
  7.1 研究结论 ………………………………………………（192）
  7.2 政策建议 ………………………………………………（194）
  7.3 研究局限与展望 ………………………………………（196）

参考文献 ……………………………………………………………（198）

后 记 ……………………………………………………………（229）

绪 论

本章主要论述选题背景,阐明研究的理论意义与实践价值,介绍研究目标和思路,论述研究框架和研究方法,指明本书的主要创新点,为后续研究的展开奠定基础。

1.1 研究背景与意义

1.1.1 研究背景

资本市场开放,又称资本账户开放或股票市场自由化,是指允许境外投资者购买境内公司股票(Henry,2000)。在经济全球化浪潮下,推动我国资本市场开放有利于吸引国际资本,优化全球资本配置,引入先进经验、技术和制度。自从 1992 年 B 股市场和 1993 年 H 股市场建立以来,我国政府陆续出台了一系列资本市场开放政策,包括 2002 年的《合格境外机构投资者境内证券投资管理暂行办法》,允许境外专业投资机构投资我国境内股票;2014 年沪港股票市场互联互通(以下简称"沪港通")和 2016 年深港股票市场互联互通(以下简称"深港通")机制的开启,促进了内地资本市场与香港资本市场的双向开放;2018 年证监会正式发布

《关于上海证券交易所与伦敦证券交易所互联互通存托凭证业务的监管规定（试行）》，又称沪伦通制度，推进了上海与伦敦资本市场的互联互通。这些资本市场开放政策为国内资本市场引进了境外投资者与境外资金，对于改善我国资本市场的宏观环境，逐步解决一些长期存在的问题和促进资本市场的对外开放有着重大意义。

作为最新一轮资本市场互联互通改革的先行政策，互联互通政策（本书将"沪港通"与"深港通"统称为"互联互通政策"）得到了投资者和公众的极大关注，是我国资本市场开放的新的里程碑，标志着我国向开放市场迈出了一大步。互联互通政策制度允许我国内地证券交易所和香港联合交易所两地投资者通过当地证券公司或经纪商买卖规定范围内的对方交易所上市的股票，首次实现了二级市场层面的互联互通，加强了内地与香港交易所二级市场层面的密切合作，不仅有助于两地资金的融通，也为两地交易机制和监管制度的逐步接轨带来新的突破。对互联互通政策经济后果的检验，在考察该政策有效性的同时，也为后续的沪伦通等资本市场开放政策提供经验证据，具有重要的政策参考价值和研究意义。学术界对互联互通政策带来的经济效益研究首先集中于宏观层面的资本要素流动，然后逐步向微观层面的企业决策与公司治理拓展，包括股利政策（Cao et al.，2017；陈运森等，2019）、融资决策（肖涵和刘芳，2019；丁一和李启佳，2020）、投资决策（连立帅等，2019；丰若旸和温军，2019；陈运森和黄健峤，2019）和信息披露质量（邹洋等，2019；刘焱等，2019）等。

尽管围绕企业投融资决策、股利政策和信息披露质量等方面，已有文献对沪港通的治理机制展开了诸多探讨并取得了一定的研究进展，但关于互联互通政策改进公司治理的微观机制尚不清晰。尤其是基于高管薪酬契约这一缓解公司委托代理冲突最重要制度安排角度的研究，并未得到足够重视。高管薪酬契约长期被视为解决股东与管理层之间委托代理问题的有效机制。

合理的薪酬机制设计会发挥积极的激励效果,促进管理层努力工作。不合理的薪酬契约则会成为管理层谋求自身利益的工具,导致股东利益受损,最终反而会增加代理成本,成为公司委托代理问题的一部分。近年来,不断涌现的"天价薪酬"事件、义务劳动式的零薪酬以及薪酬与业绩的背离乱象,引发了社会各界对高管薪酬激励有效性的普遍担忧(杨德明和赵璨,2012)。同时,国有企业由于存在所有者缺位、高管"半市场化、半行政化"治理、内部人控制等制度缺陷(卢锐等,2011),国企高管薪酬是否合理成为公众质疑的焦点,也是始终困扰监管层的痼疾。因此,如何改善高管激励机制、化解高管薪酬的激励失效问题,成为解决股东与管理层之间委托代理问题的关键。

高管货币薪酬乱象可以归结为高管薪酬水平的不合理和高管薪酬变动的不合理两种形式。前者包括薪酬过高和薪酬过低的问题,后者主要是指薪酬与业绩的背离(杨德明和赵璨,2012)。最优契约理论认为,董事会通过设计合理的薪酬契约能够将管理层与股东利益一致化,降低两者之间的代理成本。高管薪酬水平应当正确反映高管能力,与企业业绩保持紧密关联(Hölmstrom,1979;Grossman and Hart,1983;Jensen and Murphy,1990)。与之相对的,管理层权力理论认为,高管会利用手中权力干预薪酬契约的设计与执行,为自身牟取私利,使高管薪酬契约非但没有解决代理问题,反而成为一种新的代理问题。高管超额薪酬是管理层对薪酬干预的结果,是管理层权力寻租的表现(Bebchuk et al.,2002;Bebchuk and Fried,2003;权小锋等,2010)。因此,高管超额薪酬和高管薪酬激励的有效性是探究高管货币薪酬的合理性及其变动合理性的主要视角。

根据广义的高管薪酬定义,除了非正式的隐性薪酬外,股权薪酬与货币薪酬共同构成了我国上市公司的高管薪酬。公司实施股权激励的动机复杂多样(陈艳艳和郭然,2017),激励效果得到了广泛研究。随着货币薪酬激励效用的边际递减,货币薪酬在激励高管承担风险、减少短视行为方面的不完备性日益凸显，股权薪酬在高管薪酬中的占比逐渐上升，一定程度上替代了货币薪酬（Core et al.，2003）。基于股权薪酬兑现的长期性、高不确定性以及价值的高波动性等特点，股权薪酬通常被视为风险性薪酬，通过赋予高管"合伙人"身份，将高管个人利益与企业长期价值紧密联系（Balkin et al.，2000），对促进企业长期发展具有显著的积极作用，被视为协调高管与股东利益的最好方式（Jensen，2004）。高管薪酬的激励效果并不取决于激励水平的高低，而是取决于薪酬组合的构成与薪酬形式（Jensen and Murphy，1990；Mehran，1995）。公司在高管薪酬契约设计时适当提高股权激励的比例，可以有效抑制管理者短视行为，激发高管风险承担意愿（郭佳，2022）。因此，以股权薪酬占比为指标的高管薪酬结构是观察高管薪酬契约的风险激励水平的良好视角。在企业风险决策中，创新是最为重要且常见的风险投资活动，对于构建企业核心竞争能力与创造长期价值至关重要，也是观察资本市场开放条件下高管薪酬结构变动的风险激励效果的重要对象。

基于此，本书结合现有研究进展，尝试借助互联互通政策实施这一准自然实验，综合运用双重差分模型，分别从高管货币薪酬激励和高管股权激励两个角度探究资本市场开放对高管薪酬契约的影响作用，然后在此基础上探讨资本市场开放对高管薪酬结构的影响以及可能产生的创新效应，以考察互联互通政策对公司治理的微观影响机制，为相关领域的研究补充更丰富的研究结论，为互联互通政策的有效实施乃至后续资本市场的深度开放提供丰富的证据支持。

1.1.2 研究意义

（1）理论意义

第一，拓展了高管薪酬契约影响因素的研究视角。从外部治理机制的角度来看，相关文献已经从经理人市场竞争、政府干预、债权人约束和媒体报道等角度对高管薪酬契约的影响因素展开了研究，而且大多集中在高管货币薪酬领域。本书将研究视角拓展到公司所处外部治理环境变动——资本市场开放上，考察资本市场开放对高管货币薪酬与股权激励的影响。一方面从高管超额薪酬和货币薪酬有效性两个视角，提供资本市场开放对高管货币薪酬设计中两类不合理问题的治理作用；另一方面从股权激励强度角度考察资本市场开放的影响。然后在此基础上探究资本市场开放对高管薪酬结构的影响，以及这种影响在促进企业创新方面的作用，是对高管薪酬契约治理领域的重要拓展。

第二，拓展了资本市场开放经济后果的研究视角。关于资本市场开放的经济后果，已有研究主要关注其在宏观层面的经济后果，对微观经济后果的研究则集中在公司的投融资决策、现金持有决策、股利政策和信息披露行为等方面，对高管薪酬契约的关注较少，而且对于影响路径分析过于单薄。本书以互联互通政策为切入点，结合互联互通交易制度的设计特点和所引入境外投资者的治理方式，从股价信息反馈效应、会计信息质量和股东监督三个角度探究资本市场开放对高管货币薪酬的影响路径，从委托代理动机和人力资本动机两个角度考察资本市场开放对高管股权薪酬的影响机制，进而丰富资本市场开放对高管薪酬契约的影响路径研究。

第三，丰富了资本市场开放对高管薪酬契约的风险激励效应的研究。我国资本市场开放属于渐进式改革，从最初的交叉上市制度到QFII制度，再到以"深港通""沪港通"为代表的互联互通，经历了长期持续的变化。本书以互联互通交易制度的开通为切入点，考察以二级市场互联互通为代表的资本市场开放政策的实施效果，有利于深化对我国新一轮资本市场开放政策及其治理效应的认识。高管薪酬契约设计不仅是公司治理问题，也是风险管理问题。高管薪酬会对高管风险偏好和风险决策产生重要影响。本书探究了资本市场开放下公司高管薪酬结构调整对企业创新的影响，丰富了高管薪酬契约风险激励效应领域的研究。

（2）实践价值

第一，为上市公司改善公司治理和优化薪酬决策提供了新的视角和经验证据。互联互通政策的实施为 A 股上市公司引入了更多成熟专业的境外投资者，实现了跨市场的资本流通与投资者交流，有利于帮助公司完善公司治理结构，建立更科学有效的监督机制。同时，境外投资者的引入也为公司薪酬契约的完善提供了新的视角。公司应当积极利用资本市场开放政策，通过吸引成熟的境外投资者，推动内部公司治理结构的改革与完善，加强薪酬契约设计的合理性，在激励管理层努力工作的同时吸引更多更优秀的境外投资，从而实现完善治理与激励有效的良性循环。

第二，有利于提高相关监管部门对互联互通政策建设及其在公司治理过程中作用效果的重视程度，为完善相关制度提供新的角度。互联互通政策首次实现了二级市场层面的互联互通，加强了沪港交易所层面的密切合作，不仅有助于两地资金的融通，也为两地交易机制和监管制度的逐步接轨带来新的突破。从微观高管薪酬激励角度对互联互通政策经济后果的检验，为探明其在公司治理过程中的作用效果提供了经验证据，有助于加强监管部门进一步认识到互联互通政策在改进公司治理中的重要作用，为其深化资本市场改革完善相关制度建设提供新的视角。

第三，为互联互通政策的实施提供新的经验依据和政策启示。当前我国资本市场开放研究主要集中在实施时间较早的 QFII 制度和交叉上市制度。2014 年和 2016 年开通的互联互通政策作为我国资本市场对外开放的重大举措，其政策实施效果的检验和分析对我国未来金融市场改革意义重大。互联互通政策实施至今，关于其经济后果的研究还停留在企业投融资决策等领域，其对公司治理的微观影响机制尚不清晰。本书选取高管薪酬契约这一缓解公司委托代理冲突最重要制度安排作为研究对象，检验互联互通政策对高管薪酬激励的影响，不仅有助于探明互联互通政策对公司治理的微观作用路径，还为互联互通政策的有效实施乃至后续资本市场的深度开放提供丰富的证据支持，具有一定的政策参考价值。

1.2 研究目标与思路

1.2.1 研究目标

本书的总体目标是在构建资本市场开放与高管薪酬激励研究框架的基础上，探索资本市场开放对高管薪酬激励的影响及其作用路径，并进一步从企业创新角度考察资本市场开放对高管薪酬设计影响的风险激励效应。

本书的具体研究目标包括：

（1）考察资本市场开放对高管货币薪酬激励的影响。探索资本市场开放对高管超额薪酬和薪酬激励有效性两类常见的货币薪酬设计乱象问题的治理效果，并且从多个角度深入探究资本市场开放的影响路径和参与治理的方式，考察这种治理效应的环境约束条件。

（2）考察资本市场开放对高管股权激励的影响。从股权激励实施动机的角度探究资本市场开放对高管股权激励选择倾向的影响，探究其影响机制，并且进一步考察资本市场开放对高管隐性薪酬以及总薪酬的影响，以及资本市场开放对股权激励影响的约束条件。

（3）综合考虑货币薪酬与股权薪酬。从两者所占比例变化的角度，考察资本市场开放对高管薪酬结构的影响，并且从企业创新角度考察高管薪酬结构调整对高管风险承担意愿的影响，考察资本市场开放条件下高管薪酬结构调整的创新激励效应的存在性。

1.2.2 研究思路

立足于资本市场开放对高管薪酬激励的研究目标，本书的研究思路如下：

首先，奠定本书的文献基础。通过对现有相关领域文献的梳理，在归纳相关问题研究现状的同时寻找现有研究的不足之处，设计本书的研究内容，得出本书的研究意义与贡献。

其次，建立本书的理论基础。本书从委托代理理论、最优契约理论、管理层权力理论、人力资本理论的角度，通过回溯相关理论发展历史与理论内容，分析资本市场开放对高管薪酬激励影响的内在机制与原理，为后文的研究内容设计与假设提出奠定理论基础。

再次，进行实证检验。互联互通交易制度实施为本书研究资本市场开放的经济后果提供了良好的准自然实验场景，本书利用双重差分模型，按照"货币薪酬激励——股权激励——薪酬结构及创新效应"的思路，分别展开资本市场开放对高管薪酬激励的影响检验，并且在各部分补充探究资本市场开放的影响路径、作用环境以及其他因素的影响，以便于加深对相关问题的理解。

最后，总结全文并提出相关政策建议，分析本书的研究局限与未来研究展望。

本书主要研究思路如图1-1所示。

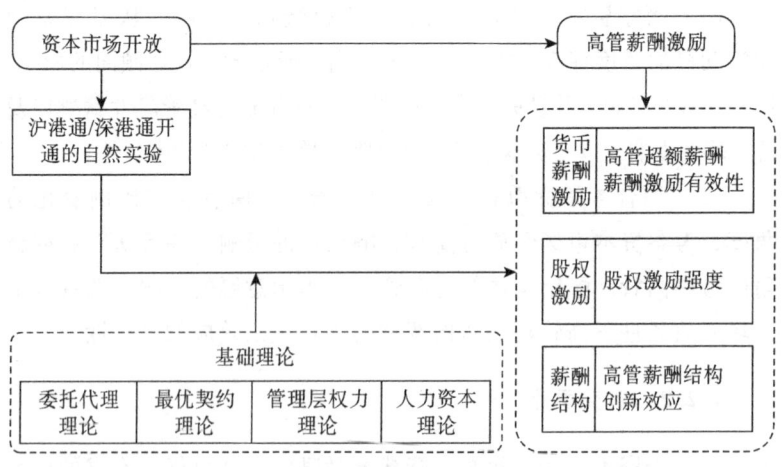

图1-1 研究思路图

1.3 研究框架与方法

1.3.1 研究框架

为了实现上述研究目标,本书的章节内容安排如下:

第1章绪论。本章首先描述了相关的研究背景,在此基础上提出本书的研究问题,并指出研究的理论意义和现实意义;其次阐述本书的研究目标和思路;再次提出研究框架和研究方法;最后说明本书的主要创新点。

第2章文献综述。本章围绕资本市场开放的经济后果、高管薪酬的影响因素或实施动机、资本市场开放与高管薪酬三个方面,展开国内外相关文献回顾。在文献梳理的基础上,对相关文献进行评述,指出现有研究的不足与尚待补充之处。

第3章理论基础与机理分析。本章重点论述了委托代理理论、最优契约理论、管理层权力理论和人力资本理论,在理论概述的基础上,阐明本书对资本市场开放与高管薪酬激励关系研究时的主要分析视角,并对相关理论与分析框架进行总结。

第4章资本市场开放对高管货币薪酬激励的影响。本章基于管理层权力理论与最优契约理论,从高管私有收益的角度探究资本市场开放对高管超额薪酬的治理作用,从薪酬业绩敏感性的角度探究资本市场开放对高管货币薪酬激励有效性的影响,在此基础上分析可能的影响机制,从"用手投票"和"用脚投票"两个角度探究资本市场开放的治理方式,并考虑资本市场开放对货币薪酬增长的影响,最后考虑管理者权力的调节效应。

第5章资本市场开放对高管股权激励的影响。本章从高管持股比例的角度探究资本市场开放是否提高了标的高管股权激励强度,从股权激励动机的角度探究资本市场开放对股权激励的影响路径，并且进一步补充考察资本市场开放对高管隐性薪酬以及总薪酬的影响，最后考虑产权性质的调节效应。

第6章资本市场开放对高管薪酬结构的影响及创新效应。本章结合货币薪酬与股权薪酬，从股权薪酬占比的角度考察资本市场开放对高管薪酬结构的影响，并且从风险激励效应的角度探究资本市场开放对高管薪酬结构的影响是否会促进企业创新，提高企业风险承担水平。进一步划分高管薪酬结构变动方式，探究资本市场开放对高管薪酬结构的影响主要表现为主动调整还是被动调整，并且从风险承担水平的角度再次检验高管薪酬结构的风险激励效应，考察产权性质在其中的调节效应。

第7章研究结论与政策建议。本章首先通过对前文实证研究部分的结论进行总结，回顾资本市场开放对高管薪酬契约的影响、影响机制以及创新效应；其次根据本书的研究结论，结合研究启示从公司高管薪酬契约设计、相关监管部门政策引导和投资者投资决策等角度提出相应的政策建议；最后指出本书的研究局限，展望未来尚待完善的部分。

1.3.2 研究方法

为了保证研究的科学性与严谨性，本书综合应用规范研究与实证研究方法，使用多种研究方法对各部分的研究内容进行了细致的分析，包括文本分析法、规范研究法和实证研究法。

（1）规范研究法

本书在研究问题的提出、文献综述、理论机理分析与研究假设提出等过程中主要使用了规范研究方法展开研究，为后续的实证研究设计奠定基础。首先，利用归纳总结、演绎评论的方法对资本市场开放和高管薪酬激励领域的研究文献进行全面系统梳理与分析，找出现有研究的不足与空白。其次，结合委托代理理论、最优契约理论、人力资本理论和管理层权力理论,运用演绎推理法对资本市场开放对高管薪酬激励的影响后果展开推理,提出相关研究假设。

(2) 实证研究法

本书使用双重差分法,选取互联互通交易制度实施的准自然实验场景,实证检验了资本市场开放对高管薪酬激励的影响。在具体的实证研究过程中,综合运用描述性统计、相关性分析、双重差分模型等方法对研究假设进行检验,并且使用包括倾向得分匹配、安慰剂检验、平行趋势检验等方法解决潜在的内生问题,以保证研究结论的稳健性。实证研究章节数据来自于CSMAR数据库,数据分析工具为Stata15.0。

本书的技术路线图如图1-2所示。

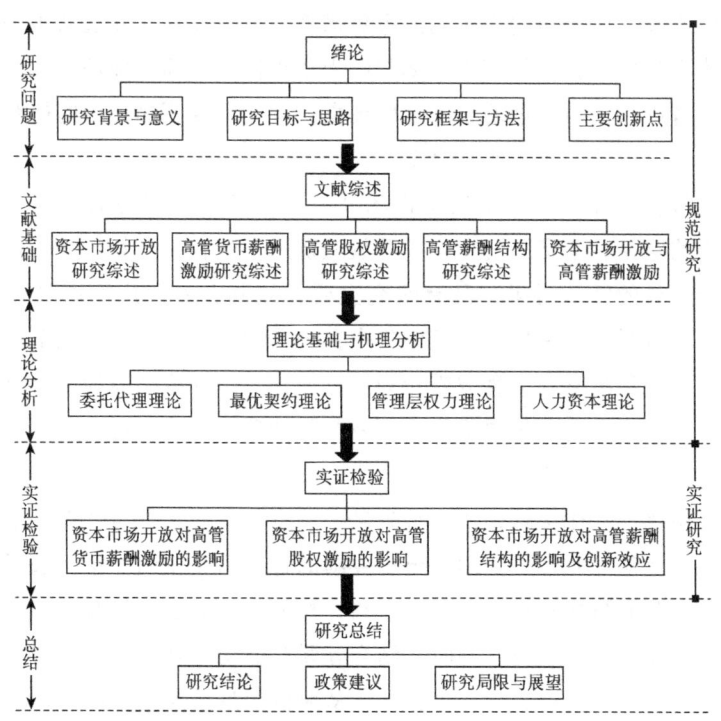

图1-2 技术路线图

1.4 主要创新点

本书的创新点体现在如下三个方面:

(1)从外部治理环境和境外投资者的角度探究了高管薪酬契约的影响因素,拓展了高管薪酬契约领域的研究。已有文献主要基于管理层和内部治理机制的角度研究考察高管薪酬契约的决定要素,对于外部治理机制的研究仅关注了经理人市场竞争、政府干预、债权人约束和媒体报道等因素,鲜少关注公司所处外部治理环境变动的影响。资本市场开放是我国金融市场改革的重要举措,也是改善和优化公司治理机制的重要措施。本书以互联互通政策的实施为准自然实验,从高管薪酬契约视角提供了外部治理环境和境外投资者影响公司治理的新的经验证据,补充高管薪酬契约的研究文献,可供后续的相关研究借鉴。

(2)多角度检验了资本市场开放对高管薪酬契约的治理效应和影响路径,丰富了资本市场开放经济后果的相关文献。关于资本市场开放的经济后果,已有研究主要关注其在宏观层面的经济后果,对微观经济后果的研究则集中在公司的投融资决策、现金持有决策、股利政策和信息披露行为等方面,对高管薪酬契约的研究相对较少,而且大多集中于货币薪酬与隐性薪酬领域,对于高管薪酬缺乏更为系统的研究。

相比于以往文献,本书首先基于静态的薪酬水平与合理水平的背离以及动态的薪酬变动与公司业绩的背离两类薪酬乱象,选择高管超额薪酬与薪酬有效性两个视角,探究资本市场开放对高管货币薪酬激励的治理效应。同时,结合互联互通交易制度的设计特点及其所引入境外投资者的治理方式,从股价信息反馈效应、内外部信息环境和股东监督三个角度解析资本市场开放对高管货币薪酬激励的影响路径。其次从高管持股比例的角度探究资本市场开放对高管股权激励的影响，并且结合股权激励实施动机探究其影响机制。最后从股权薪酬占比的角度考察资本市场开放对高管薪酬结构的影响，并且选择企业创新作为企业风险决策的观测对象，探究资本市场开放条件下高管薪酬结构调整的风险激励效应。本书对高管薪酬激励的研究相对现有研究更为完整系统，包括正式薪酬契约中最重要的货币薪酬与股权薪酬两部分，并且不局限于单一薪酬方式的选择，而拓展至薪酬结构的研究，为丰富高管薪酬契约领域的研究补充新的研究证据，有利于深化对中国资本市场开放的微观治理效应认识。

（3）将宏观资本市场变化与微观薪酬制度联系起来，放入统一的公司治理研究框架，为互联互通政策的实施提供新的经验依据和政策启示。已有文献对我国资本市场开放的研究主要集中在实施时间较早的QFII制度和交叉上市制度。2014年和2016年实施的互联互通政策作为我国资本市场对外开放的重大举措，其政策实施效果的检验和分析对我国未来金融市场改革意义重大。互联互通政策执行至今，尚未有从高管薪酬契约角度对其政策效果的系统性研究。本书将宏观资本市场变化与微观薪酬制度相联系，探究互联互通政策对公司治理机制的影响效果，从公司治理的角度检验了互联互通政策效果，有助于为互联互通政策的有效实施乃至后续资本市场的深度开放提供丰富的证据支持，具有一定的政策参考价值。

文献综述

本章主要对资本市场开放、高管薪酬以及两者相关关系的相关研究进行梳理。其中，资本市场开放研究综述主要围绕资本市场开放对公司治理的影响效应展开。高管薪酬研究综述主要从货币薪酬、股权薪酬与薪酬结构三个角度进行回顾和总结。资本市场开放与高管薪酬关系的研究综述主要回顾了合格境外机构投资者（QFII）和交叉上市两种资本市场开放模式对高管薪酬的影响。本章小节根据已有文献综述结果，对相关研究进行评述，指出现有研究的不足与尚待补充之处，为后续研究指明方向。

2.1 资本市场开放研究综述

当前，关于资本市场开放与公司治理领域的研究成果丰硕，主要围绕资本市场开放对公司财务决策、信息披露和信息质量等角度的影响效应展开。由于沪港通只是我国资本市场开放改革的一种制度创新，在沪港通实施之前，国内外的研究对象为其他资本市场开放模式。为了从总体上梳理资本市场开放的相关研究成果，本部分对资本市场开放在微观公司治理层面的经济后果研究进行全面的文献综述，根据资本市场开放类型，分别从其他非互联互通形式和互联互通两个角度梳理资本市场开放对微观企业治理的影响作用，以期梳理出较为清晰的资本市场开放研究脉络。

2.1.1 非互联互通形式资本市场开放的影响

Stulz（1995）在探究资本市场开放对资本成本的影响时，认为资本市场开放能够降低代理成本，主要体现在以下几个方面：第一，资本市场开放会提高海外资金流入，海外投资者的技术和监督能力相对较强，能够对公司施加更好的监督，以抑制管理层的道德风险；第二，资本市场开放为企业带来了更多样化的融资渠道，有利于避免单一资金供给方带来的寻租行为，减少关联交易；第三，资本市场开放增加了公司被并购的可能性，管理层面临的并购压力更大，出于反并购的目标管理层的代理问题会有所降低；第四，资本市场开放为公司带来了更好的融资和技术，有利于提高公司的风险管理水平。综合来看，资本市场开放通过增加资金流入、提高技术水平、降低融资成本等方式，能够降低代理成本，提高公司的治理水平。

Bae 等（2006）检验了新兴股票市场的信息环境与法律、监管和交叉上市事件所反映的对外国股票投资者开放程度的变化、外国投资者可获得的股票份额以及美国投资组合流动的规模之间的关联关系。研究发现，资本市场开放程度的提高有利于增加分析师跟踪人数，降低盈余管理水平。资本市场开放提高了市场参与者的市场压力，促使公司采取更高的信息披露标准，以满足投资者的信息需求，提高对海外投资者的吸引力。这一过程中，分析师跟踪人数的增加，提高了股票市场的信息解读效率，从而提高公司的盈余信息管理，促使本土公司进行高质量信息披露。

Bae 和 Goyal（2010）以韩国上市公司为样本考察了股市市场开放的影响效果。研究发现，韩国股票市场正式自由化时公司治理的跨公司差异能够解释公司受益的差异程度。具体来说，当股票市场自由化时，公司治理较好的公司股价会大幅上涨。在股票市场自由化之后，公司治理强的公司中的外国所有权明显高于治理薄弱的公司。治理较好的公司在自由化之后也表现出更高的实体资本积累率，非家族治理的公司比家族治理公司在股票市场开放后获得了超出 10% 的异常回报，股利支付率公司比非股利支付率公司在股票市场开放后拥有超出 9% 的异常回报。

更多的研究文献从 QFII 制度和交叉上市的角度探究了资本市场开放对公司治理的影响效果。乔琳等（2019）探究了 QFII 的社会网络关系对公司价值的影响，研究发现 QFII 网络关系对公司存在信息效应和治理效应，表现为有助于改善公司的信息环境，提升公司治理水平，对公司价值产生积极影响，而且 QFII 网络关系的正面影响在外资长期持股以及处于投资者保护水平较高地区的公司中更为显著。曹森（2012）从超额现金持有价值的角度检验了交叉上市的影响效果。研究发现，相比于仅在 A 股市场上市的企业，以 AB 股、AH 股以及发行 ADR 股为表现形式的在不同市场交叉上市的企业所持有超额现金的折价程度更低，主要原因在于交叉上市有助于引入其他市场的治理约束，改善公司治理环境，从而降低超额现金折价程度，提高公司价值。

吕秀华等（2013）探究了 A + H 股交叉上市行为能否降低控股股东与中小股东的代理冲突问题。结果发现，相比于非交叉上市公司，交叉上市公司的控股股东控制权与现金流权之间的分离程度更低，其与公司价值或业绩之间的负相关关系也更弱，控股股东利用两权分离进行资金占用的自利性行为得到有效约束。说明交叉上市有利于降低控股股东与中小股东之间的代理冲突，降低代理成本。

周开国和周铭山（2014）在探究交叉上市的经济后果时，选择了先发行 H 股后回归 A 股这一特殊形式的交叉上市问题为研究对象。基于知情交易概率代理指标的研究发现，交叉上市显著降低了信息不对称程度。与过往文献不同的是，他们对信息不对称程度的解释建立在交叉上市促使市场信息供给更多的基础上,由此导致市场上知情交易者显著减少。潘弘杰和易荣华(2017)利用2008—2015年公司样本,探究了在香港和内地以"先港后内"形式的逆向交叉上市对公司治理的改善作用。研究发现,相较于单一上市 A 股公司,逆向交叉上市显著提高了公司价值,且其对公司治理的提升效应明显高于非交叉上市公司。原因在于,通过不同成熟程度市场进行交叉上市为公司引进了新的约束和监督机制,能够更好地约束股东和管理层的私利行为,改善公司治理能力。

此外部分研究认为,资本市场开放引入的境外投资者由于缺少治理动机和必要信息,并不会积极参与公司治理。李蕾和韩立岩(2013)通过建立单期博弈模型,对 QFII 与公司业绩之间的关系进行了检验。研究发现,一方面,由于境外机构投资者本土化程度较低,跨境参与公司治理的成本相比境内投资者更高;另一方面,在信息掌握程度上,相比境内机构投资者,境外机构投资者通常受制于信息搜集的困难,对被投资国的国情了解较少,信息不对称程度相对更高,这就导致了境外机构投资者更倾向于扮演"价值投资者"的角色,而非"价值创造者"角色,直接参与公司治理的积极性较低。尤其是当 QFII 持股比例较低时,其参与公司治理的收益与成本严重不匹配,会导致其选择理性的搭便车行为。唐跃军和宋渊洋(2010)的研究同样发现 QFII 具有较强的价值选择能力,缺少价值创造能力。

交叉上市对公司治理的改善和投资者保护水平的提高,建立在引入有效的外部约束机制的基础上,有赖于跨境交叉上市所带来的市场和制度环境的变化,即"约束假说"的核心内容。部分研究发现以交叉上市为形式的资本市场开放并不一定导致公司治理的提升,不符合"约束假说"。

赵树宽等(2014)利用先 H 后 A 交叉上市公司样本,从资本投资效率的视角对约束假说进行了实证检验。他们的检验结果发现，无论是交叉上市和非交叉上市的横向对比，还是交叉和非交叉上市公司的纵向时间上的对比，均未发现交叉上市显著提升资本投资效率的证据。该实证结果表明从境外市场回归 A 股上市的"先港后内"的交叉上市行为，并没有发挥积极正面的公司治理作用，并不符合"约束假说"的预期。可能的原因在于，这类回归型交叉上市公司回归的目的并非是改善公司治理，而是为了缓解融资约束，追求更廉价的资金，更符合"规避假说"。

覃家琦和邵新建（2016）采用 2006—2014 年上市公司的平衡面板数据，考察了 H＋A 交叉上市对投资效率和公司价值的影响。他们认为，如果 H＋A 交叉上市可以帮助公司绑定香港交易所的更严格的法律与监管制度，为公司引入来自香港的新的约束与治理机制，则有利于提高公司的投资效率和市场价值，即"绑定假说"成立；如果 H＋A 交叉上市会引发更多的政府干预与行政监管，则不利于投资效率与市场价值的提高，即"政府干预假说"成立。基于数据包络分析法的实证证据显示，H＋A 交叉上市公司的投资效率与市场价值相对更低，交叉上市未能发挥积极的治理作用，支持了"政府干预假说"。

董秀良等（2016）以分析师盈余预测准确度作为衡量信息披露质量的代理指标，探究了我国上市公司"先外后内"，即先 H 股后 A 股交叉上市对公司治理的影响。结果显示，这种特殊的交叉上市路径对公司治理的影响并不是单一的，而具有一定的复杂性。具体来说，横向对比来看，"先外后内"交叉上市公司的信息披露质量要显著优于非交叉上市的纯 A 股公司的信息披露质量。但是这种提升作用并不是由交叉上市引起的，而属于自选择问题，即信息披露质量高的公司在赴港上市前已经是行业的龙头企业和佼佼者，本身的公司治理水平就相对较优。纵向对比来看，交叉上市并未导致公司信息披露质量显著提高，反而出现了下降，与国内相关研究有显著区别。进一步基于公司治理的研究发现，"先内后外"

交叉上市会改善公司治理,但是公司治理改善并不是境外上市公司回归的目标,而是出于吸引外资的融资动机带来的附属作用。

2.1.2 互联互通交易制度的影响

随着互联互通交易制度的落地,学者们将资本市场开放的研究视角集中于互联互通这一形式,对其在公司治理与企业经营决策中的经济后果展开了多方面研究。在市场反应方面,王倩和马云霄(2016)的研究发现,沪港通一方面通过引入更多投资者参与到内地资本市场,有利于加快内地资本市场机制的建立和健全,提高公司治理与信息披露水平。另一方面通过促使内地投资者参与香港的证券投资,将更为自由完善的资本市场中的价值投资带回A股市场,促使市场回归理性。从供求关系角度来看,沪港通吸引外资会导致股价上涨,即投资者参与效应。而香港资本市场与上海资本市场在法律制度和公司治理机制方面的差异,可能在短期内使境内投资者从A股市场转投香港市场,即制度落差效应。实证研究证据表明,沪港通产生的制度落差效应大于投资者参与效应,沪港通标的股票的市场反应显著为负。

互联互通与企业投资决策方面,陈运森和黄健峤(2019)探究了沪港通开通对公司投资效率的影响,发现沪港通提高了标的公司的信息质量和分析师预测准确度,有利于促进投资效率,该正向作用在信息环境不透明和治理水平较低公司中更为显著。刘程和王仁曾(2019)的研究同样发现了沪港通对投资效率的促进作用,但是这种促进作用表现出较强的滞后效应,随时间的延长而增强。丰若旸和温军(2019)研究沪港通对国有企业技术创新的影响发现,沪港通有助于缓解国有企业融资约束问题,提高国有企业的股票流动性,这就为长期机构投资者的进入创造了条件,有利于促进国有企业的技术创新。朱琳和伊志宏(2020)的研究同样论证了沪港通交易制度对标的公司创新投资行为的促进作用。影响机制研究发现，抑制经理人职业忧虑，缓解其短视行为，是沪港通促进企业创新的主要作用路径。当公司信息环境较差时，沪港通制度的实施对企业创新的影响更显著。连立帅等（2019）的研究发现，沪港通的实施会增强股价对企业投资的引导作用，具体表现为增强了股价信息含量和企业投资-股价敏感性，加强了股价的资源配置功能。

互联互通与企业融资决策方面，肖涵和刘芳（2019）的研究考察了沪港通对公司融资行为的影响。结果发现，沪港通提高了标的公司进行股权融资和债权融资的积极性，表现为融资规模的显著提高。但是，相比于大公司而言，小公司的债权融资受到沪港通政策的影响更显著，说明沪港通在改善中小企业长期融资行为方面发挥了积极作用，有利于促进中小高技术企业的培育与发展。丁一和李启佳（2020）检验了沪港通对企业资本结构决策的影响，发现沪港通的实施会提高标的公司资本结构的调整速度，降低资本结构的偏离程度，促进资本结构的动态优化，而这种影响在不同杠杆水平公司之间存在非对称性，在杠杆过度企业中更为显著。高杠杆企业更倾向于采取权益融资方式而非债务方式，对资本结构加以调整。

互联互通与企业信息质量方面，邹洋等（2019）利用2007—2017年沪市A股上市公司数据，探究了沪港通对上市公司违规行为的影响。多期双重差分模型的检验结果表明，沪港通有利于改善公司的信息环境，优化其治理结构，进而提高了公司违规的成本，抑制其违规行为。他们的研究论证了互联互通形式的资本市场开放政策存在积极的公司治理效应。刘焱等（2019）从会计信息可比性的角度，检验了沪港通政策对标的公司的信息质量影响。结果显示，沪港通显著提高了标的公司会计信息的可比性，直接证明了沪港通对我国资本市场的会计信息质量提高具有一定的积极作用。

此外，陈运森等（2019）基于现金股利政策的角度考察了股票市场开放及外资股东的影响。研究发现,股票市场开放显著提高了沪港通标的公司的现金股利支付水平。这一正向作用在非国有企业、小企业、股权制衡度较低企业以及两职合一企业中更为显著。杨兴全和李沙沙(2020)探讨了沪港通对公司现金持有的影响。研究结构表明,沪港通会提高公司现金持有水平,但是这一影响是通过公司治理改善路径取得,而非通过缓解融资约束路径得到。进一步地,沪港通标的公司的现金持有价值相对更高。

2.2 高管货币薪酬激励研究综述

2.2.1 高管超额薪酬及其影响因素

(1) 高管超额薪酬存在的原因

根据最优契约理论,高管薪酬应当是对高管能力和工作努力的合理报酬,应当由公司销售收入、公司规模、公司业绩等经济因素决定(Core et al.,1999)。高管获得的超出由经济因素决定的合理收入的薪酬差额,通常被视为超出其公平谈判和工作努力所得的超额薪酬,即高管超额薪酬。现有关于高管超额薪酬存在的解释观点包括管理层权力观和高管能力观。

①管理层权力观。Bebchuk等(2002)首次提出了高管薪酬契约的管理层权力理论。该理论的核心观点认为,董事会承担着高管薪酬契约设计职责,理论上应当以股东价值最大化为目标安排高管薪酬,但是管理层权力的存在使高管与董事会在薪酬设计中处于不公平交易状态。高管可以利用自身权力俘获董事会和薪酬委员会,使之为高管自身利益制定薪酬契约,进而使高管获得超出一般行业基准或同类型公司标准的超额薪酬。这种超额薪酬本质上是高管权力寻租的结果,会降低高管薪酬契约效率(Bebchuk and Fried,

2003；Bebchuk et al.，2010）。国内学者研究基本都支持了超额薪酬的管理层权力观，即认为高管权力越大，超额薪酬越多，超额薪酬是高管利用权力的结果（权小锋等，2010；吴育辉和吴世农，2010；陈震和丁忠明，2011；郑志刚等，2012；黎文靖和胡玉明，2012）。

②高管能力观。高管能力观认为，高管薪酬水平是由市场力量与公司特征共同决定的，持续上涨的高管薪酬是高管在经理人市场才能竞争的结果，有才能的经理人可以通过公平谈判获得比市场平均水平更高的薪酬（Fama，1980；李维安等，2010）。根据人力资本理论，专用性强的经理人是企业不可或缺的稀缺资源，高管薪酬是对高管人力资本的合理补偿，高管拥有的技能、知识、管理经验、社会资本等越稀缺，越难以模仿和替代，高管获得薪酬补偿就越高（James and Marua，2003）。Wowak 等（2011）认为高管薪酬不仅反映了公司对高管努力工作的回报，也是公司对高管能力的期望。Kaplan 和 Minton（2006）的研究发现，美国上市公司持续上涨的高管薪酬是对高管能力与高管风险承担的补偿。唐松和孙铮（2014）的研究发现，政治关联都会导致高管超额薪酬问题，但是国有企业中由政治关联导致的高管超额薪酬属于高管的机会主义行为，会损害企业未来经营绩效，而非国有企业中由政治关联导致的高管超额薪酬是公司对高管寻租能力的一种补偿和激励，会促进企业未来业绩增长。

(2) 高管超额薪酬的影响因素

针对超额薪酬的影响因素，现有研究多基于管理层权力理论，从高管干扰薪酬契约以及相关的内外部治理机制角度，探究造成高管超额薪酬的因素以及对超额薪酬的抑制机制。

Barontini 和 Bozzi（2011）使用意大利上市公司样本的研究发现，对于创始人家族企业，较小的董事会规模以及较高的董事会中家庭成员比例会提高董事会的超额薪酬。根据社交网络理论，董事会也需要通过扩大董事会与其他公司建立网络或者聘用具有更高专业地位的董事，以获得更高的薪酬。陈林荣和刘爱东（2009）对比分析了家族类上市公司与非家族上市公司的高管薪酬，结果发现，家族类上市公司高管薪酬显然更高，薪酬敏感性更低。独立董事在一定程度上可以提高高管薪酬业绩敏感性，但是会加剧高管过度薪酬，同时第二大股东持股也会刺激高管薪酬上涨。这些研究表明，在家族企业中，由于家族成员既是控股股东又是企业高管，对高管薪酬契约的干预权力较大，更容易出现高管超额薪酬问题，并且存在通过支付超额薪酬收买高管和董事以便于配合自己掏空公司的倾向。但是，也有研究认为，与从经理人市场聘请的职业高管相比，家族成员担任高管的公司，代理成本更低，为了实现公司价值最大化目标，高管掏空公司攫取超额薪酬的动机更弱，更能够抑制高管超额薪酬（McConaughy，2000；Elston and Goldberg，2003；Croci et al.，2012）。刘慧龙（2017）的研究发现，在金字塔控制的股权结构企业中，随着实际控制人控制链长度的延长，高管薪酬水平显著提升。高梦捷和柳志南（2019）的研究表明，金字塔结构层级与高管超额薪酬显著正相关。

作为高管薪酬契约制定的主要责任部门，董事会在制造与解决高管超额薪酬方面的重要作用也得到了学者们的重视。Brick等（2006）的研究发现，CEO超额薪酬和董事超额薪酬之间存在显著的正相关关系，而这种关系可能是由于相互指责或任人唯亲导致的过度补偿造成的。当董事会与高管合谋时，董事会显然并不能发挥对高管超额薪酬的治理作用，反而会加剧高管超额薪酬（Bebchuk and Fried，2003）。

Cyert等（2002）认为，董事会的内部治理和大股东的外部收购威胁可以替代实施管理控制，特别是在限制管理层在向自身授予基于股权的薪酬时的挥霍行为。郑志刚等（2012）的研究发现，在任人唯亲的董事会文化盛行的公司中，高管超额薪酬问题更严重。相对应的，内部治理机制角度的研究认为，女性董事（郭科琪，2014）、独立董事（刘鑫和张雯宇，2019；刘汉民等，2020）、完善的内部控制（牟韶红等，2016；陈林荣等，2017；陈晓珊和刘洪铎，2019）以及党组织治理等机制都会有效抑制高管超额薪酬（马连福等，2013；代彬等，2020）。

外部治理机制角度的研究发现，债权人能够有效约束高管超额薪酬，负债率较高的公司高管薪酬水平更低（黄志中和郗群，2009），同时问询函监管、限薪令、资本市场开放等均表现出明显的高管超额薪酬抑制作用（柳志南和白文洁，2021；张昭等，2021；权烨和王满，2022）。关于媒体的治理效应存在两个理论：媒体有偏论和媒体治理论。媒体有偏论的主要观点是，媒体出于自身效用最大化的目的，倾向于报道娱乐性或轰动性事件。过高或过低的高管薪酬都会引起读者的好奇，产生一定的轰动效应，受到媒体的关注。媒体治理论的主要观点是，媒体是一种有效的信息媒介，其对上市公司的丑闻或者不当行为的报道会损害高管声誉，因此可以发挥积极的治理效应。

基于媒体有偏论和媒体治理论，媒体应当能够约束高管过度薪酬。杨德明和赵璨（2012）的研究验证了媒体报道对"天价薪酬"和"零薪酬"等薪酬乱象的治理作用，能够提高高管薪酬的合理性，尤其是在政府或行政机关介入的情况下，媒体报道的治理作用更显著。段升森等（2019）基于网络媒体关注度的研究也证实了媒体对高管不合理薪酬的约束效应。研究发现，外部网络媒体有助于优化高管薪酬契约，缓解委托代理矛盾。

曹越等（2016）的研究则发现，媒体的正面报道会促进高管薪酬上升，负面报道会降低高管薪酬。除此之外，部分学者的研究则未能验证媒体对高管薪酬乱象的治理作用。张玮倩等（2015）的研究发现，虽然媒体的负面报道在一定程度上会降低高管的货币薪酬，但是却会提高在职消费，使高管总薪酬不降反升。这表明在职消费对货币薪酬存在一定的替代作用，媒体报道虽然可以影响高管薪酬结构，但是并不能从根本上解决薪酬过高或者激励失效问题。

不同于国外上市公司，我国国有企业占比较高，国企高管薪酬通常受到较多的管制。尤其是在我国社会制度下，过高的高管薪酬会引起不良的社会反应。国企高管由于享受着地位官员化和薪酬市场化的双重福利，其高额薪酬问题得到了管理当局的重视。

2009年9月，六部门联合下发的《关于进一步规范中央企业负责人薪酬管理的指导意见》，明确提出对国企高管收入进行规范。这是第一道中央企业高管限薪令。2015年1月1日起正式实施的《中央管理企业负责人薪酬制度改革方案》是第二道限薪令。这些限薪令的目标在于，限制行政任命的中央国有企业管理层及部分垄断性高收入行业的管理者的薪酬上限，缩小高管与一般员工之间的内部薪酬差距。关于这些限薪令政策的实施是否得到了预期的效果，国内学术界对此进行了丰富的研究。王传彬等（2012）的研究发现，第一道限薪令法规发布后，国企高管薪酬水平不降反升，没有取得预期的效果。张楠和卢洪友（2014）的研究也发现，2009年限薪令未能有效约束高管薪酬，但是却降低了高管薪酬的增长幅度，同时刺激了高管在职消费的增长。孙即和张文婷（2020）在对国有上市公司高管"限薪令"问题的总结中认为，第一道限薪令的实施效果不显著，第二道限薪令则发挥了显著的约束效果，使国有企业高管薪酬增速显著低于非国有企业。这得益于2015年限薪令的政策权威性和组织实施力度更强。

2.2.2 高管薪酬业绩敏感性及其影响因素

（1）高管货币薪酬与业绩的关系

根据最优契约理论，高管薪酬的确定应当是公司根据其能力程度确定的，但是由于高管努力程度难以直接准确观测到，实践中一般使用可观测的指标作为替代性指标来反映高管的努力程度,据此制定薪酬契约。这种方法使用最多的就是公司业绩,通过将公司绩效与高管薪酬挂钩,激励高管为企业创造价值,即业绩型薪酬。学者们通常将高管薪酬随公司业绩变化而变化称为薪酬业绩敏感性,在研究中也被视为高管货币薪酬激励有效性的观测指标。

①薪酬业绩敏感性的存在性。关于公司业绩与高管薪酬之间关系的研究,最早可以追溯到 Taussings 和 Baker (1925) 的 *American corporations and their executives: a statistical inquiry*。他们的研究认为,高管薪酬与企业业绩相关性很小。Jensen 和 Murphy (1990) 发现,股东财富每增加 1000 美元,CEO 薪酬才增加 3.3 美元,薪酬与业绩间的正相关关系较弱。同样的,Aggarwal 和 Samwick (1999) 的研究发现,股东财富与高管薪酬之间的弱相关关系仅在股价波动小、经营风险低的公司中存在,随着经营风险提高,高管薪酬业绩敏感性会趋于零。说明高管薪酬契约部分考虑了风险承担因素,对承担较高风险的高管给予了一定补偿。

Duffhues 和 Kabir (2008) 利用荷兰上市公司执行董事的薪酬数据检验了高管薪酬与公司业绩的关系。不同于普遍认为的高管薪酬应该反映公司绩效的观点,他们的研究使用多种基于会计和资本市场的绩效指标,并未发现高管薪酬与企业绩效之间的正相关关系。Jones 和 Kato (1996) 使用转型经济国家数据,也发现了高管薪酬与企业绩效之间不存在显著相关性。解释这一现象的原因可能是,在公司治理结构不健全、董事会权力较弱的上市公司中,有权势的经理人可以利用自身权力影响自己的薪酬设计,进而使薪酬与业绩不相关。

部分学者的研究验证了高管薪酬与公司业绩之间存在显著的正相关关系,即存在薪酬业绩敏感性。McGuire 等 (1962) 较早证实了高管薪酬与公司业绩之间的正相关关系,而且高管薪酬对销售收入的敏感性大于对利润的敏感性。Murphy (1985) 也证实了两者的正相关关系,而且发现高管薪酬与国家和销售收入增长率显著正相关。他们认为此前研究未能发现两者正相关关系的原因可能是使用了横截面数据,忽视了重要的解释变量,从而使研究结果失准。Coughlan 和 Schmidt (1985) 的研究发现,董事会通过设定由公司股价表现变化驱动的薪酬变化政策,创造出与所有者利益一致的管理层激励机制。Hall 和 Liebman (1998) 的研究发现,自 1980 年以来,CEO 薪酬水平和薪酬对公司绩效的敏感性都有了显著的提高,这主要是由于股票期权授予的增加,股权薪酬在高管薪酬结构中的比重逐渐增大。其他学者的研究也证实了高管薪酬与公司业绩之间的正相关关系 (Veliyath, 1999; Core et al., 1999; Leone et al., 2006; Canarella and Gasparyan, 2008)。

我国关于薪酬业绩敏感性的研究起步较晚,相关研究发现也经历了从早期的弱相关或不相关到显著正相关的过程。魏刚 (2000) 发现,我国上市公司普遍存在薪酬激励单一,薪酬结构不合理,行业间收入差距大等现象,股权薪酬使用频率较低且对公司业绩的激励效果不明显,属于股权福利。高管薪酬水平会受到公司规模、行业景气度的显著影响,对公司业绩的反应不敏感。李增泉 (2000) 也发现,经理人薪酬与公司规模密切相关,并且存在显著的地域差异,与企业绩效不相关。其他学者的实证研究也发现了相似结论 (于东智和谷立日, 2001; 谌新民和刘善敏, 2003; 朱德胜和岳丽君, 2004; 耿明斋, 2004; 扈文秀和穆庆榜, 2011)。魏刚 (2000) 认为造成这种现象的原因在于我国高管的薪酬水平过低,起不到应有的激励效果。耿明斋 (2004) 认为,原因可能是我国上市公司并未真正建立起与市场经济规则相对应的经营机制,政府行政干预成分过多。扈文秀和穆庆榜 (2011) 认为,我国政府对金融类上市公司实施的严格高管薪酬限制,造成了金融类公司高管薪酬与业绩无关现象。卢锐 (2008) 认为,管理层对高管薪酬机制的干预是造成薪酬与业绩不相关的根本原因。高管薪酬自身的棘轮效应，也使得薪酬一旦提高上去，就很难大幅下降，从而弱化了高管薪酬与公司业绩的相关关系。

其他国内学者的研究则证实了薪酬业绩敏感性的存在，且随着时间的推移，此类研究结论更多。陈志广（2002）、张晖明和陈志广（2002）、刘斌等（2003）、张俊瑞等（2003）、方军雄（2009）、盛明泉和车鑫（2016）等学者利用沪市上市公司数据证明了企业业绩与高管薪酬的正相关关系。其中，公司业绩指标中，净资产收益率、主营业务利润率、每股收益、营业利润率与高管薪酬的正相关关系更显著，有利于促进高管薪酬增长。虽然高管薪酬增长有利于提高股东财富，但是其下降并不会对股东财富或企业规模产生积极影响，说明高管薪酬的"工资刚性"使其只有单方面的激励效应，没有约束效应（刘斌等，2003）。杜胜利和张杰（2004）对独立董事薪酬的考察也发现了其对公司前期业绩和长期价值创造能力的敏感性。戴怡蕙（2016）利用台湾上市公司样本也证实了公司绩效与经理人报酬显著正相关。

②业绩指标的选择。薪酬业绩敏感性研究的一个重要问题就是业绩指标的选择。业绩指标的选择在很大程度上会影响高管薪酬业绩敏感度，进而影响薪酬契约的激励效果。良好的业绩指标应当能够准确反映高管的努力程度，而且包含较少的噪声。会计业绩和市场业绩是高管薪酬契约设计中主要使用的两类业绩指标。会计业绩是指财务报表中的营业利润率、净资产收益率、每股收益等会计盈余指标反映的公司业绩，市场业绩是指股票价格、股票收益率、市场价值等股票市场指标反映的公司业绩。

市场业绩指标的优势是与股东财富直接相关，在股东财富最大化的激励目标下，高管薪酬与市场业绩直接挂钩可以很好地激励高管去创造股东财富而努力工作。会计业绩指标的优势是能够反映一个会计期间内公司的经营成果和该期间内高管的工作成绩，受无关噪声的影响较小。相反，市场业绩指标反映的不仅是公司过去的经营成果,还包含投资者对公司未来的业绩预期,会受到市场波动的影响,但是这些因素是高管无法控制的,与高管努力程度无关,属于市场噪声。

会计业绩指标的劣势是容易被高管控制,尤其是在高管权力较大、利益侵占动机较强的情况下,会计业绩指标存在被高管操纵的可能。相比于市场业绩指标,会计业绩指标可以反映更多公司特有的信息。Holmstrom(1979)认为薪酬契约中的业绩指标普遍存在噪声,业绩对高管薪酬的反映是信息-噪声比的增函数,信息-噪声比越高,业绩指标对薪酬的反映越充分。Bushman 和 Smith(2001)认为高管薪酬契约制定时应当选择信息含量更高、对高管努力程度反映更充分的业绩指标。

部分学者的研究支持了会计业绩指标和市场业绩指标在反映高管努力程度中的有用性,两类指标均可以作为高管评价指标(Murphy,1985;Jensen and Murphy,1990)。Core 等(1999)发现,高管薪酬仅与会计业绩显著正相关,而与市场业绩无显著相关关系。Core 等(2003)的研究进一步发现,薪酬业绩敏感性会随着业绩指标噪声的增大而减弱,会计业绩中的噪声主要影响货币薪酬水平,而非股权薪酬,说明业绩指标的噪声还会影响高管薪酬激励方式的选择。Sloan(1993)的研究发现,当市场业绩指标的噪声较大或者会计业绩指标噪声较小时,高管薪酬对会计业绩的敏感性较高。

Hall 和 Liebman(1998)发现高管薪酬与市场业绩显著正相关,并且随着股权激励应用的推广,薪酬业绩敏感性逐渐走强。Jensen 和 Murphy(1990)发现同时控制市场业绩和会计业绩时,公司业绩对高管薪酬的模型解释力度有所提高。而 Kaplan(1994)的研究却发现,将两类业绩指标同时加入模型中时,市场业绩指标的回归系数变得不显著,可能的原因是市场业绩是由会计业绩驱动的。其他学者考虑了管理层权力对薪酬业绩敏感性的干扰,高管可以利用权力影响业绩指标的选择和比重，使得薪酬对业绩更加敏感，以便于提高自身收入（Morse et al.，2011；罗宏等，2014）。

国内对于业绩指标选择的研究开展较晚，受制于资本市场制度的相对发展落后，市场业绩指标中的噪声较多，对于高管努力程度的反映可能相对会计业绩指标较弱。多数研究验证了会计业绩与高管薪酬的显著正相关关系（张晖明和陈志广，2002；刘斌等，2003；方军雄，2009），还有部分研究支持了市场业绩指标的有用性（张俊瑞等，2003；杜胜利和翟艳玲，2005）。杜兴强和王丽华（2007）的研究发现，高管薪酬与股东财富变化以及前期企业业绩呈显著正相关关系，与本期TobinQ值的变化显著负相关，与上期TobinQ值的变化显著正相关。在这四个指标中，ROA的解释能力最强（杜兴强和王丽华，2009）。

吴育辉和吴世农（2010）的研究发现高管薪酬与会计业绩显著正相关，而与市场业绩无显著关系。辛清泉和谭伟强（2009）发现，随着市场化改革的推进，高管薪酬对市场业绩的敏感度显著提高。还有学者利用手工整理的高管薪酬契约信息，研究了业绩指标的选择情况。罗玫和陈运森（2010）手工整理的上市公司高管薪酬契约信息显示，约三成的样本公司明确规定高管薪酬与会计业绩挂钩。Li等（2013）的研究发现，在228个自愿披露薪酬契约的样本中，67.5%的薪酬契约使用了多个财务指标，使用频率前三名的财务指标分别是利润指标、收入类指标和ROE。罗宏等（2014）的研究发现，国有企业的高管会利用事后信息选择表现较好的业绩指标，增加其在高管薪酬函数中的权重，操纵薪酬契约，提高薪酬业绩敏感性达到薪酬辩护目的。在管理层权力较大、地方政府控制、相对薪酬较高的国有企业中，高管出于追求超额货币薪酬收益、为高额薪酬辩护、减少愤怒成本的目的，通过业绩评价指标选择操纵薪酬的行为更明显。

③薪酬业绩敏感性的非对称性。随着研究的深入，学者们陆续

发现高管薪酬业绩敏感性并不是对称的，而是在公司业绩上升和下降两个阶段存在明显的变动差异，即高管薪酬在公司业绩上升时的增加幅度与公司业绩下降时的减少幅度不相等。这种现象又被称为薪酬黏性。Gaver 和 Gaver（1998）较早发现美国上市公司 CEO 现金薪酬在业绩增长时会显著增加，在业绩下降时却没有减少。Leone 等（2006）发现 CEO 现金薪酬对股票收益率的敏感性在股票收益率为负时是股票收益率为正时的两倍，说明 CEO 现金薪酬对业绩降低更加敏感。

Shaw 和 Zhang（2010）的研究得出了相反结论，即在使用会计业绩指标评判时，高管薪酬业绩敏感性在业绩好时更大，高管并未因业绩下降而受到降薪的惩罚。Jackson 等（2008）使用会计业绩指标的研究也同样发现，CEO 奖金在业绩上升与下降时的边际变化量的不对称，业绩为正时 CEO 奖金大幅提高，但是业绩为负时 CEO 奖金并不会下降。我国学者方军雄（2009）使用会计业绩指标作为评价指标，也发现了我国上市公司存在高管薪酬黏性现象，高管薪酬在业绩上升时的边际增加量更大，进一步研究发现董事会独立性和民营股权性质有助于缓解高管薪酬黏性。陈修德等（2014）的研究发现，CEO 薪酬黏性仅在亏损较为严重的公司中存在，随着公司业绩的上升，CEO 薪酬黏性会逐渐降低直至消失，但是在保护性行业中并不会减弱。

（2）薪酬业绩敏感性的影响因素

在业绩型薪酬广泛应用的背景下，薪酬业绩敏感性被视为货币薪酬激励有效性的重要观测指标，相关研究成果丰富。本书从内外部治理机制两个角度对相关文献进行梳理。

①内部治理机制。董事会是公司内部治理结构的核心，也是对高管行为进行日常监督的主要组织机构，其职能主要包括监督和咨询。董事会规模和构成、董事会的独立性、总经理与董事长两职合一等是董事会特征研究的主要内容。Core 等（1999）的研究发现，

公司治理结构的健全性对高管机会主义行为具有重要影响，董事会规模越大，外部董事占比越高，高管薪酬水平越高。Firth 等（2007）的研究发现，董事长总经理两职分离的公司，高管薪酬业绩敏感性更高。

李四海等（2015）从高管两职分离或两职合一的组织权力配置角度，研究公司内权力配置对高管薪酬的影响。研究发现，总经理和董事长两职合一会赋予高管更高的薪酬决定权，使高管出于最大化个人利益的目的显著提高高管薪酬水平，但是会降低高管薪酬业绩敏感性，在公司业绩上升时高管薪酬业绩敏感性下降更为明显。说明两职合一有利于提高高管的个人效用，但是对公司业绩无显著促进作用。进一步研究发现，两职合一这种权力配置结构之所以存在，主要是因为董事长拥有级别较高的政治资本，这种政治资本凸显了高管的稀缺性，促使公司向其赋予更高的组织权力。陈晓珊和匡贺武（2018）的研究同样发现，总经理和董事长两职合一会提高高管薪酬水平，但是会降低高管薪酬业绩敏感性，说明给予高管这种权力配置并不能发挥治理作用，反而会产生代理问题。

独立董事作为董事会的重要成员，其在高管薪酬治理中的作用也被学者们所关注。Firth 等（2007）发现，独立董事比例较高公司的高管薪酬业绩敏感性更高。Conyon 和 He（2011）的研究也验证了独立董事比例对高管薪酬与股东财富之间关联关系的正向作用。张必武和石金涛（2005）认为，在已经实施独立董事制度的公司内，独立董事比例的提高并未带来显著的薪酬业绩敏感性的提升。陈运森和谢德仁（2012）、高凤莲和王志强（2016）考察了独立董事社会资本对高管薪酬业绩敏感性的影响，研究发现社会资本更丰富的独立董事，一方面拥有更高的专业胜任能力，另一方面面临的监督压力更大，因此更有动机监督和激励高管，提高高管薪酬业绩敏感性。

罗进辉（2014）的研究发现，相比于普通独立董事，聘请明星独立董事并未发挥预期的治理效果,反而降低了公司的高管薪酬业绩敏感性。这种负向影响主要存在于民营企业中,原因在于国有企业存在严格的薪酬管制,明星独立董事难以利用其影响力获得超额薪酬。王化成等(2015)的研究发现,拥有海外背景的独立董事在中小股东保护意识、监督与咨询能力等方面更具优势,对于自身职业生涯和个人声誉更加重视,因此更有动力积极参与公司治理,加强对高管的监督与激励,以展现自身的实力,从而有助于提高上市公司的高管薪酬业绩敏感性。罗进辉等(2018)研究了国企本地独立董事对高管薪酬契约的治理作用,研究发现本地独立董事会弱化薪酬业绩敏感性,尤其是在垄断性行业和政府补助较高的国有企业中,两者的负相关关系更强。说明本地独董因其与高管存在相互联系的社会网络关系,使其独立性更低,对高管的监督作用减弱。

Fama(1980)认为对独立的外部董事授予高管薪酬决策权,有助于保证薪酬契约激励与监督的有效性。根据一般公司治理机制安排,公司会在董事会下设立专门的薪酬委员会,负责高管薪酬政策制定与实施,为了保证薪酬委员会的独立性,通常会选择独立董事来担任薪酬委员会委员。国内外学者纷纷探究了薪酬委员会独立性与高管薪酬业绩敏感性的关系,然而结论却不尽相同,部分学者的研究发现薪酬委员会的独立性对薪酬业绩敏感性存在显著的促进作用,支持了最优契约理论的观点(Conyon and Peck,1998;Chhaochharia and Grinstein,2009;江伟等,2013;王琨和肖星,2014),但是也有研究并未发现薪酬委员会独立性的积极效果(Anderson and Bizjak,2003)。然而,谢德仁等(2012)的研究发现,经理人兼任薪酬委员会委员的公司,高管薪酬业绩敏感性更高。这种薪酬敏感性更多是经理人薪酬辩护的结果,在兼任薪酬委员会职位情况下的经理人,需要通过提高薪酬业绩敏感性来证明自身薪酬的正当性与合理性。林乐等(2013)的研究发现,实际控制人兼任薪酬委员会委员的公司对高管的监督效率更高，使高管薪酬业绩敏感性更高。

我国上市公司薪酬委员会设立的时间较晚，部分学者研究对比了薪酬委员会的设立对高管薪酬业绩敏感性的作用。相当多证据发现，相比没有建立薪酬委员会的公司，建立薪酬委员会公司的薪酬业绩敏感度显著更大（张必武和石金涛，2005；刘西友和韩金红，2012；王琨和肖星，2014）。毛洪涛等（2012）的研究发现，在盈余波动性较大的公司中，薪酬委员会反而会减弱高管薪酬与会计业绩的关联程度，薪酬委员会更多的是提高了高管薪酬与经营活动现金流之间的敏感性，原因在于相比于应计利润，经营活动现金流更不易被操纵，薪酬委员会的设立对提高薪酬契约效率具有积极作用。姚成（2019）发现薪酬委员会有利于抑制高管薪酬黏性。戴怡蕙（2016）的研究发现，内部董事在薪酬委员会中的比例越高，高管薪酬业绩敏感性越高。袁春生和唐松莲（2015）考察了外部董事对高管薪酬激励的改善作用，发现外部董事比例会促进高管薪酬水平上升，降低薪酬业绩敏感性和薪酬黏性。

股权结构差异决定公司权力的分配，将对公司整体经营产生重要影响。股权集中度是指公司股权的集中化趋势，股权集中度越高，越易形成控制性股东，有利于加强股东权力，提高对高管的约束监督能力（Jensen and Meckling, 1976）。Hartzell 和 Starks（2003）的研究发现，公司股权集中度越高，高管薪酬业绩敏感性越高。金字塔结构是我国上市公司股权结构的一大特色。在金字塔控股结构中，现金流权与控制权相互分离会加剧控股股东与中小股东之间的第二类代理冲突，为控股股东与高管合谋以获得控制其私有收益创造条件（Claessens et al., 2000），使高管薪酬业绩敏感性被严重削弱，薪酬契约激励失效（Cao et al., 2011；Zhang et al., 2014）。刘慧龙（2017）的研究发现，实际控制人对上市公司的控制链条长度与高管薪酬业绩敏感性显著负相关，控制链长度的增加会刺激控股股东关联交易的冒险行为，促使其出于收买与合谋目的，削弱高管薪酬契约有效性。

在我国国有产权与民营产权经营目标、行为模式、监督意愿与能力存在重大差异的背景下，许多学者从异质性股东的角度探讨了股权制衡对高管薪酬契约的影响。郝阳和龚六堂（2017）的研究发现，民营股东参股国有企业有利于填补缓解所有者缺位问题，加强股东对高管的监督能力，促使国企高管薪酬业绩敏感性的提高。国有股东参股民营企业却并不能发挥积极的治理作用，反而会降低高管薪酬业绩敏感性。白俊和王婉婉（2019）的研究也发现，国企民营化会降低高管薪酬激励的有效性。蔡贵龙等（2018）的研究发现，非国有股东向国企委派高管可以提高高管薪酬业绩敏感性，说明在国企中引入非国有股东能够发挥积极的治理作用。

作为高管薪酬契约约束与激励的对象，虽然理论上高管应当在薪酬的制定过程中保持中立，但是根据管理层权力理论，高管对薪酬契约制定的干扰是难以避免的。权小锋等（2010）在构建管理层权力衡量指标的基础上探究了管理层权力与薪酬操纵之间的关系，研究发现，高管权力越大，其牟取私有收益的动机越强，高管薪酬与操纵性业绩之间的敏感性越高。刘星和徐光伟（2012）基于国有企业样本的研究发现，高管利用自身权力可以干预薪酬制度的制定与实施过程，影响薪酬挂钩的业绩指标的选择与权重，高管权力会提高薪酬与好业绩之间的正相关关系，而降低与坏业绩之间的敏感性，使高管薪酬表现出只增不减的刚性特征。

罗宏等（2014）同样在探究高管薪酬操纵问题时发现，国有企业高管会利用事后信息选择表现较好的业绩指标，增加其在高管薪酬函数中的权重，操纵薪酬契约，提高薪酬业绩敏感性达到薪酬辩护目的。还有学者则从高管个人特征角度展开了研究。比如高管任期时间，高管任期时间越长，对薪酬契约的干预能力越强，薪酬业绩敏感性可能随高管任期时间的延长而降低（Hill and Phan，

1991）。当高管任期时间临近结束时，高管牟取个人私利的动机会促使高管薪酬业绩敏感性的降低，尤其是当高管临近退休的时候，因为没有后续职业生涯的压力，薪酬契约的激励效果更弱（Gibbons and Murphy，1992）。李四海等（2015）探究了高管年龄对薪酬业绩敏感性的影响，研究发现，高管年龄增长带来的社会资本与政治资本积累会提高高管在契约签订中的谈判力和控制力，降低高管薪酬业绩敏感性，尤其是在公司业绩下降时。

②外部治理机制。外部治理机制领域的研究包括经理人市场发展、分析师、媒体、机构投资者、债权人等因素。现有研究对经理人市场环境的治理效果基本形成了共识，即改善经理人市场的竞争环境有利于优化高管薪酬契约，促使高管薪酬趋于合理范围，提高高管薪酬与业绩的相关性。袁春生和唐松莲（2015）的研究发现，经理人市场对外部董事与高管薪酬激励效应之间的正相关关系存在显著的调节作用。经理人市场发育越完善，外部董事对高管薪酬业绩敏感度的提高作用越大，对高管薪酬黏性的降低作用越大。陈婧和方军雄（2020）的研究认为，高铁开通衍生的经理人市场发展可以有效缓解高管机会主义行为，对高管薪酬契约起到一定的替代作用，因而会降低高管薪酬业绩敏感性。分析师作为资本市场主要的信息传递中介，对高管薪酬激励存在一定的监督压力。李晓玲等（2015）的研究发现，分析师关注尤其是明星分析师的关注对高管薪酬业绩敏感性存在显著的促进作用。

根据媒体治理理论，媒体通常被视为重要的投资者保护机制，有利于遏制内部人的侵权行为。耿云江和王明晓（2016）的研究发现，媒体监督可以对国企高管超额在职消费与货币薪酬敏感性之间的反向关系起到调节作用。罗进辉（2018）的研究发现，媒体报道数量越多的公司，高管薪酬业绩敏感性越高，但是这种媒体报道的正向治理作用仅在国有企业中存在。机构投资者作为具有专业投资能力的一类投资者，其对公司治理的作用得到了广泛研究。

Almazan等（2005）的研究支持机构投资者持股对高管薪酬业绩敏感性的促进作用，而Janakiraman等（2010）发现这种正向作用仅在高管持股比例较低的公司中存在，说明机构投资者对高管薪酬契约的治理作用受到管理层权力的约束。国内研究同样发现机构投资者持股有利于提高高管薪酬业绩敏感性（李善民和王彩萍，2007），但是这种作用可能仅存在于非国有企业中（张敏和姜付秀，2010），而机构投资者的外资背景、独立性、稳定性以及实地调研行为对高管薪酬业绩敏感性的促进作用更大（Firth et al.，2007；王会娟和张然，2012；吴先聪，2015；李昊洋等，2017；李争光等，2018）。

在委托代理理论框架下，公司与债权人之间的契约关系是公司治理机制的主要构成，债权人约束是影响高管薪酬业绩敏感性的重要因素。Brander和Poitevin（1992）的研究发现，公司资产负债率越高，高管薪酬业绩敏感性越低，说明公司为了降低股东与债权人之间的代理冲突，会给予债权人一定的事先利益保证。陈骏和徐玉德（2012）的研究发现，公司债务期限与高管薪酬业绩敏感性显著负相关，且仅在非国有企业中存在。说明公司在面临较高的信贷约束时，会通过降低高管薪酬业绩敏感性，减少高管风险转移动机，加强对债权人利益的关注，而国企天然的政治关系使债务期限对高管薪酬业绩敏感性的约束作用显著被弱化。罗宏和刘宝华（2014）、熊剑和王金（2016）的研究同样发现公司负债对高管薪酬业绩敏感性的抑制作用。国内学者还结合近年我国的资本市场改革政策，从卖空机制、反垄断制度等角度研究了外部治理机制对高管薪酬业绩敏感性的正向促进作用（刘贝贝，2021；王彦超等，2022）。

2.3 高管股权激励研究综述

2.3.1 高管股权激励的实施动机

从股权激励的实施动机来看，上市公司向高管提供股权激励的动机主要包括委托代理动机、人力资本动机和大股东赎买动机。

（1）委托代理动机

委托代理动机源自于现代企业经营权与所有权的分离，造成企业的实际经营者即高管的个人利益与企业所有者股东的利益出现分歧，两者的信息不对称会加剧这种委托代理冲突。在不施加任何干预措施的情况下，会造成经理人市场劣币驱逐良币的逆向选择问题，以及高管利用权力牟取个人私利的道德风险问题。根据最优契约理论，能够实现高管与股东目标兼容的薪酬契约即为有效的薪酬契约（Jensen and Merkling，1976；Jensen and Murphy，1990）。在这一理论的指导下，上市公司的实践中更倾向于将高管个人收益与企业业绩密切关联起来，即实施业绩型薪酬契约。辛清泉等（2007）的研究验证了业绩型薪酬契约的有效性。相比于货币薪酬，股权薪酬属于长期激励薪酬，其兑现期在未来，通常承载了更多风险，属于收益高度不确定的激励方式。股权薪酬价值的高低与企业经营绩效的关联性更加紧密，尤其是在股权激励计划规定了行权条件的情况下，只有满足一定的业绩条件，股票期权才能兑现形成高管事实上的个人财富。正是因为股权薪酬的长期性、高风险性、高业绩关联性的特点，理论上股权薪酬应当比货币薪酬对高管的激励与约束作用更大，更有利于缓解高管与股东之间的代理冲突。股权薪酬缓解代理冲突的机制包括两种形式：一种是股权薪酬给了高管一定的公司股份，高管的身份从单纯的受托经营管理者转向了企业所有者,这种身份认识的转变能够帮助高管获得更多信任与授权,降低股东的监督成本,有利于激发高管的主人翁意识;另一种是股权薪酬通过剩余索取权的部分让渡,实现了股东利益与高管利益的统一,高管为了个人收益最大化目标,也需要努力工作实现更好的经营成果。公司可能出于缓解委托代理冲突的动机实施股权激励。相关研究发现公司会通过股权激励来促进高管承担风险(Guay, 1999; Coles et al., 2006; Low, 2009)、增加企业研发投入(Wu and Tu, 2007; 唐清泉等, 2009),从而增加企业价值(Hanlon et al., 2003; Larcker, 2003; Matolcsy et al., 2012)。

(2)人力资本动机

李维安等(2010)认为,高管薪酬契约的设计除了基于传统的委托代理理论对股东高管利益分歧的考虑外,还需要考虑对稀缺管理人才的吸引和保留。高管薪酬是对经理人才能的合理补偿,规模庞大、运营复杂或者增长潜力较高的企业面临更大的经理才能需求,也更乐意通过支付高额薪酬吸引高素质管理人才。袁春生和祝建军(2007)的研究也发现,在活跃的外部经理人市场中,经理人在企业间的自由流动才能对经理人形成有效的竞争环境,并对其机会主义行为进行有效制约。在这种环境下,经理人的理性选择是通过努力工作,提高企业业绩以证明其人力资本的价值,从而获得经理人市场的认可,得到更多的人力资本回报。在经济发达、上市公司数量多的地区,经理人市场发展得更为成熟,经理人面临的市场竞争压力也越大,公司为留住优秀人才对高管支付的薪酬水平也更高。

人力资本动机就是从企业人力资本投入与保留的角度,解释股权激励实施的必要性。Schultz(1961)最早在对资本的研究中提出,资本有两种主要形式:一种是能够创造利润的物质资本,如生产活动中必要的厂房、设备、机器等;另一种是依附于人存在的知识、技能、智慧、能力等的人力资本。相比于物质资本,人力资本并不能独立存在，而是以人为载体，需要在长期的学习工作中逐渐积累。高管作为职业的经营管理者，其人力资本包括长期实践形成的专业知识、经营管理经验、机会识别能力、风险控制能力、社会关系资源等，这些都是企业经营成功不可或缺的要素。同时，由于行业地域以及经营环境的差异，高管的人力资本具有一定的稀缺性和专用性，不可替代性较强。这就使企业一旦失去经验丰富能力较强的高管，会产生比较大的损失。因此，企业有动机吸引和留住优秀管理者，避免人才流失。

根据现代企业制度安排，剩余索取权归属于资金的提供者，即物质资本的提供方。然而，根据马克思的理论，剩余价值的创造依赖于劳动，即人力资本在企业价值创造中占据核心地位，其创造的价值远非其他物质资本所能比拟。企业向高管让渡部分剩余索取权，不仅有利于吸引和留住人才，还有利于满足价值创造者的利益诉求，使高管拥有主人翁意识与心态，激励其相互监督与合作（陈效东，2015），为企业持续投入人力资本建设创造良好环境（陈文强，2017）。

（3）大股东赎买动机

从公司代理问题产生根源的角度来说，欧美国家公司的代理问题主要表现为股东与经理人之间的代理冲突，这是由职业经理人雇佣直接导致的，又被分散的股权结构进一步激化。东南亚国家公司的股权结构相对集中，高管雇佣更多来自家族指派或者股东委派，使这类国家公司的代理问题主要存在于控股股东与中小股东之间，表现为控股股东对中小股东的利益侵占问题。我国公司治理结构属于介于两者之间的混合模式，同时存在两种形式的代理问题。在第二类代理问题突出的公司中，控股股东通过并购、关联交易、资金占用等方式掏空公司的倾向更加严重，为了达成掏空目的，控股股东往往通过允许高管牟取私有收益收买高管参与合谋，以寻求高管支持（蒋弘和刘星，2012）。

大赎买动机就是指大股东出于个人私利最大化的目的，通过向高管赋予股权薪酬赎买股东，而不是出于为企业创造价值的目标。大股东赎买理论认为，在股权集中度较高、两权分离度较大的企业里，拥有较高话语权的大股东有利用关联交易、资金占用等隧道行为掏空公司的动机。这种掏空行为的成功实施需要熟悉企业经营情况的内部人的配合（潘泽清和张维，2004；蒋弘和刘星，2012）。这种情况下，高管作为内部人被大股东赎买的概率比较高。

股权激励是大股东赎买的一种常见工具（陈仕华和李维安，2012），其优点是制度上完全合法，与其他激励方式相比，激励额度更大，对高管的利益输送作用更大。陈仕华和李维安（2012）的研究验证了大股东隧道行为对股票期权激励有效性的损害作用，在掏空动机下公司股票期权可能成为大股东赎买高管的合法工具。吕长江等（2009）认为，我国上市公司的股权激励计划存在福利型动机，容易成为高管获取私有收益的途径，表现为股权激励计划的行权价格较低、有效期较短以及其他形同虚设的行权条件（吴育辉和吴世农，2010；王烨等，2012）。陈效东等（2016）的研究发现，非激励型股权激励会加剧公司的非效率投资，赎买型股权激励会通过大股东的掏空行为加重公司的非效率投资。赵世君等（2022）的研究发现，赎买型股权激励会加剧大股东在企业并购中的掏空行为，进而损害企业并购绩效。

2.3.2 高管股权激励的影响因素

高管股权激励是公司治理的重要手段，受诸多因素的影响，国内外针对高管股权激励实施的影响因素研究包括公司特征与高管特征两个维度。在评估公司是否应当实施股权激励时，公司的负债水平是重要的制约因素。资产负债率越高的公司，债权人出于维护自身利益对高风险性的股权激励的选择倾向越低，公司越不倾向于将高管股权激励纳入公司治理机制（Konari，2005）。而从公司融资需求角度来看，当公司面临较强的融资约束以及现金流动性较差时，公司更倾向于选择股权激励（Core and Guay，2001；李月梅和刘涛，2010）。公司成长机会角度的研究发现，公司成长性越高，越需要向高管提供股权，激励高管更加努力把握成长机会，实现更大的企业价值（Ryan et al.，2001；Rosenberg，2003；杨力和朱砚秋，2017），而且随着高管持股数量的提高，成长型公司的业绩得到显著提升（周建波和孙菊生，2003），说明人力需求是促使高管股权激励的重要动因（魏春燕，2019）。

高管特征维度的研究更多关注了高管任期特征和年龄特征的影响，Dechow 和 Solan（1991）的研究发现，长期激励的实施有利于提高临近退休高管的风险承担意愿，促使其接受更具长期价值的投资活动或研发活动。Attaway（2000）的研究同样发现高管任期和年龄对股权激励的显著正向作用。我国学者也发现高管年龄是影响公司实施高管股权激励的重要因素，随着高管年龄的提高，高管人力资本价值显著提升，股权激励是对高人力资本高管的长期激励和有效补偿（牛建波，2004；李月梅和刘涛，2010）。宗文龙等（2013）的研究发现，公司倾向于利用高管股权激励降低高管离职率，说明高管股权激励是对高管人力资本的重要补偿方式，是公司留住人才的主要激励手段，而且风险偏好强的高管更倾向于接受股权激励（Oyer and Schaefer，2005）。

2.4 高管薪酬结构研究综述

2.4.1 高管薪酬结构类型

尽管不同国家公司高管薪酬类型与激励方式存在众多差异，薪酬结构形式也不尽相同，但是根据 Murphy（1999）对高管薪酬形式的界定，高管薪酬激励方式主要包括基本薪酬、年度奖金、长期激励、津贴以及福利等四种基本类型。其中，基本薪酬、年度奖金大多为现金形式，以现金方式支付，年度奖金属于短期激励，年终福利更多是非现金形式的间接激励，长期激励则主要以股票期权和限制性股票为主要形式，也被称为权益性薪酬或风险性薪酬。尽管近年来高管薪酬激励方式呈现日益多样化的特征，公司越来越倾向于使用综合性的激励模式，但是以工资、奖金以及津贴等现金形式的激励方式在高管薪酬契约中的比重仍然很高（魏刚，2000）。现金薪酬的优势是通常与企业绩效直接挂钩，对高管工作成果的反映是即时的，对高管的激励作用更多体现在短周期内，而且往往薪酬水平相对稳定（Larraza - Kintana et al.，2007）。

我国上市公司自股权分置改革以来，随着股权激励规范的建立与完善，越来越多地使用股权激励对高管进行激励。相较于货币薪酬激励，股权激励的兑现在未来期间，高管获取回报的时间较长（Carpenter and Sanders，2004），绑定的是公司的未来价值，因而可以促使高管更加关注公司的长期收益，产生长期激励效果（Jensen and Murphy，1990；Agrawal and Mandelker，1987；Oyer and Schaefer，2005）。谌新民和刘善敏（2003）在研究高管薪酬结构对企业绩效的影响差异时发现，仅使用现金薪酬或股权激励并不能显著提升企业绩效，而将长期激励与短期激励相结合的多元化激励模式对企业业绩的具有明显的激励效果。就两种激励方式间的相关关系而言，研究认为高管股权薪酬对货币薪酬存在一定的替代作用（Core et al.，2003）。马德林和杨英（2015）的研究发现，大股东持股对高管货币薪酬、持股水平的影响是非线性的。在大股东持股水平较低时，随着持股水平的提高，出于长期价值增长追求，大股东更倾向于削减高管的短期货币性薪酬，增加股权性薪酬，以激励高管更加注重公司未来发展。当大股东持股水平达到一定程度后，大股东出于利益侵占目的，会大幅减少高管的货币薪酬和持股水平。谷秀娟和赵晓鹏（2015）的研究同样支持了大股东持股与高管薪酬之间的非线性关系，高管货币薪酬随着大股东持股比例的增加会先升后降。

2.4.2 高管薪酬结构的风险激励效应

除了委托代理理论视角下薪酬结构对委托代理冲突的缓解，风险激励也是薪酬结构经济后果的重要检验视角。由于高管个人收益主要源于薪酬补偿，因此，在不考虑其他因素的条件下，高管的风险偏好是风险嫌恶的，更倾向于在确定性的环境中进行决策（马建会和代端，2021）。利用股权激励向高管分享部分剩余价值，可以扩大高管收益来源，将其个人收益与公司业绩的相互关联起来。股权薪酬在高管薪酬总额中的比例越高，高管承担风险可能获得的报酬水平也就越高，高管越倾向于进行高风险的投资，创新的积极性越大（Sunderan and Yermack，2007；Dever et al.，2008）。合理的高管薪酬结构应当有助于调整高管的风险偏好，使之与股东风险偏好相接近，使其在技术研发、并购等风险性投资项目的决策方面更符合股东利益诉求（Devers et al.，2008；Nyberg et al.，2010），使公司在可接受的风险承受范围内实现利益最大化（Geithnet，2009）。

企业创新是观测薪酬结构的风险激励效应的重要视角。薪酬结构对企业创新的影响表现在三个方面：第一，企业创新是一项充满风险的长期工作，投资周期相比于一般项目更长，而且在不同阶段表现可能存在差异（Holmstrom，1989）。创新项目在短期内可以存在失败风险，需要公司对此具有一定的失败容忍程度，以保证长期目标的实现（Manso，2011）。股权激励的兑现发生在未来期间，相比于货币薪酬具有长期性（Core and Guay，2001），对于长期性的创新活动的激励效果更好；第二，创新通常蕴含着较高风险，属于高风险的投资活动。这就需要公司存在一定的风险承担意愿与风险承担能力。股权激励属于风险性薪酬,其一大特点就是可以促使高管风险偏好转向风险追逐,激励高管勇于承担风险;第三,创新属于劳动密集型活动,人是企业创新的主体,高管的努力程度会直接影响企业的创新产出(Chang et al.,2015)。股权激励的长期性与延迟性特点为企业积累创新相关的人力资本创造了条件,建立具有团队合作精神的创新团队,提高企业的创新能力。

2.5 资本市场开放与高管薪酬激励

现有关于资本市场开放与高管薪酬契约的研究文献数量有限。Furceri 和 Loungani(2018)的研究发现,资本账户自由化会加剧居民收入的不平等问题。毛磊等(2011)在检验机构投资者对高管薪酬有效作用时发现,QFII 对高管薪酬水平和高管薪酬业绩敏感性均不存在显著影响。陈晓珊和刘洪铎(2019)的研究同样支持了 QFII 的旁观者假设,并未发现其对高管超额薪酬的显著影响。与之相反,黄志忠和郗群(2009)认为,外资控股股东与国有股东面临类似的治理问题,即由于他们与公司的距离较远,不仅包括地理距离还包括文化距离,通常缺少对管理层的治理能力和意愿,因此更倾向于借助薪酬契约加强对管理层的激励效果。他们的研究发现,外资控股的上市公司高管薪酬敏感性更高。

李春涛等(2018)的研究发现,合格境外机构投资者(QFII)持股有助于改善信息披露质量,提高高管薪酬业绩敏感性,原因在于其相比于境内机构投资者能够提供来自境外的特殊且专业的监督力量。覃家琦等(2016)的研究发现,A+H 交叉上市公司比纯 A 股上市公司拥有更低的高管薪酬业绩敏感性和更低的高管变更业绩敏感性,并未支持境外投资者的有效治理观点,反而因为 A+H 交叉上市公司会受到更多的政府监管与行政干预,使其高管薪酬契约的激励效果更差。

相关学者基于股票市场交易互联互通这一准自然实验场景，探究了这种形式的资本市场开放对高管薪酬契约的影响。张昭等（2020）的研究发现，沪港通开通有助于降低标的公司高管与职工之间的内部薪酬差距，这主要得益于政策施行后，标的公司的监事会持股比例显著提高；相反，董事会的持股比例有所下降，使监事会在监督董事会的薪酬制定决策中的能力有所强化，从而能够为职工利益发声，缩小职工与高管的薪酬差距，维护薪酬契约的公平性。孙诗璐和汪文生（2020）的研究发现，沪港通显著提高了标的公司的高管薪酬业绩敏感性，该积极影响在国有企业、股权相对分散公司，以及处于市场化程度较高地区公司中更为显著。赵东等（2020）、孙泽宇和齐保垒（2021）研究了互联互通政策对高管在职消费的影响，发现该政策有助于降低高管的绝对在职消费水平以及超额在职消费水平，财务信息质量的提高、货币薪酬激励效果的提高，以及股利支付的增加是主要的影响路径。

2.6　文献评述

通过上述对现有资本市场与高管薪酬相关文献的回顾，本书认为现有研究还存在一些有待补充的方面：

第一，基于资本市场开放角度对高管薪酬契约设计的影响研究相对缺乏。作为重要的外部治理环境，资本市场开放的影响后果十分广泛而深远，不仅包括宏观经济增长和股票市场波动的影响，还会对微观的公司治理和经营决策产生重要影响。但是，现有研究对资本市场开放的微观公司治理影响后果的研究集中在公司的投融资决策、现金持有决策、股利政策和信息披露行为等方面，对高管薪酬契约的关注较少。作为重要的内部治理机制，高管薪酬契约对企业的长期健康发展具有深远影响，也是实务界与理论界的关注重点。从薪酬契约角度考察资本市场开放的微观经济后果，对于丰富资本市场开放研究具有重要的理论和实践意义。

第二，从外部治理环境角度对高管薪酬的影响研究有待于补充。现有关于高管薪酬的影响因素研究汗牛充栋，货币薪酬领域的研究不仅包括高管超额薪酬的形成原因和影响因素，还包括高管薪酬业绩敏感性的存在性、业绩指标选择操纵以及非对称性特征。股权薪酬领域的研究从股权激励实施动机，逐渐扩展到公司特征与高管特征两个维度的影响因素。薪酬结构研究从薪酬激励形式出发，延伸出多种组合方式，货币薪酬与股权薪酬存在诸多方面的差异，所产生的激励效果也有显著不同。这一研究过程中，对于高管薪酬影响因素的探究从外部治理机制来看，大多只是关注了经理人市场竞争、政府干预、债权人约束和媒体报道等因素，鲜少关注公司所处外部治理环境变动的影响。资本市场开放是我国金融市场改革的重要举措，也是改善和优化公司治理机制的重要措施，其应当对公司的薪酬决策具有显著影响。基于资本市场开放视角下的高管薪酬决策研究，可以为高管薪酬的治理环境影响研究提供更多的经验证据，补充高管薪酬的研究文献。

第三，现有关于资本市场开放与高管薪酬关系的研究并未取得一致结论，该主题的研究证据尚待补充。通过文献综述可以看到，现有对资本市场开放与高管薪酬关系的研究主要考察了宏观的资本市场开放与收入不平等问题、合格境外机构投资者（QFII）以及交叉上市对高管薪酬的影响，但是研究结论并未取得一致。可能的原因在于，以往对资本市场开放的研究主要集中在持股比例较少的QFII和市场占比较小的交叉上市。这类资本市场开放模式的实施时间较早，而且影响效果也众说纷纭。少数几篇基于互联互通政策实施视角的研究虽然验证了资本市场开放对高管薪酬契约的影响作用，但是仅关注了薪酬契约有限的几个方面，而且对于资本市场开放的影响路径探究过于简单,并未结合互联互通交易制度的设计规则和所引入的境外投资者的可能治理方式加以深入分析。股票交易市场互联互通政策的实施为资本市场开放的经济后果研究提供了新的角度,也是考察高管薪酬契约设计的重要制度视角,能够为资本市场开放与高管薪酬关系研究提供新的经验证据。

第3章
理论基础与机理分析

本章主要介绍委托代理理论、最优契约理论、人力资本理论、管理层权力理论三个基础性支撑理论，剖析其在高管薪酬激励研究中的应用。结合基础理论，分析造成高管薪酬激励未达预期目标的两个核心问题，包括代理冲突对高管薪酬激励的干扰，以及薪酬激励不当对高管风险偏好的扭曲，提出代理冲突治理与风险承担激励两个视角作为资本市场开放与高管薪酬激励的研究框架，指导后文研究的展开。

3.1 基础理论

3.1.1 委托代理理论

经营权与所有权的分离是现代公司制企业的显著特点，也是委托代理关系产生的根本原因。拥有经营权的代理人实际掌握公司的控制权，而拥有所有权的委托人享受公司剩余的索取权。在理性经济人的假设前提下，代理人和委托人都是有限理性的，只会出自身利益最大化目标行事。但是两者的利益函数是不一致的，代理人更关心的是保住工作、得到更优化的薪酬以及奖金等福利，委托人的利益焦点是股东财富的最大化,追求尽可能多地创造企业价值。当委托人与代理人发生利益冲突时,理性的代理人会利用控制权选择更符合自己利益诉求的决策,或者在委托人失去有效监督的情况下,损害委托人利益,降低公司资产配置效率。这种情况下代理人并不能按照委托人的利益进行决策,不能按照委托代理契约忠实履行受托责任,由此也就产生了委托代理问题。委托人与代理人之间的信息不对称程度越高,委托人对代理人行为的监督力度越弱,委托代理问题也就越严重。委托人对代理人的监督成本、代理人的担保成本以及代理人违背委托人利益诉求所产生的剩余损失,共同构成了委托代理成本(Jensen and Meckling,1976)。

在委托代理理论的框架下,通过薪酬契约关系的建立创造激励相容的激励机制,是缓解代理人与委托人利益冲突,减少委托代理成本的关键。这就要求在这套薪酬契约关系下,代理人参与约束可能产生的期望效用大于其不参与约束所能获得的保留效用,而且其出于委托人利益诉求进行的行为决策并不会损害自身利益,反而会促进自身效用最大化的实现。当薪酬契约满足参与约束和激励相容两个条件时,薪酬契约就能够缓解委托人与代理人之间的代理冲突,降低委托代理成本。除了这种第一类代理问题之外,公司还可能因股权结构相对集中,控股股东占据较大控制权,高管来自于家族指派或者股东委派等原因,产生控股股东与中小股东之间的第二类代理问题。在股市互联互通交易制度实施向内地上市公司引入大量境外投资者的背景下,境外投资者与控股股东也可能存在严重的代理问题。在境外投资者难以施加有效监督的情况下,控股股东利用控制权从事机会主义行为侵占境外投资者利益的动机更强烈,薪酬契约可能沦为控股股东收买代理人参与合谋的工具。薪酬契约的实际激励效果存在复杂性,需要综合考虑激励机制与股东赎买动机。

3.1.2 最优契约理论

最优契约理论与委托代理理论在委托代理冲突的解决思路上相同，都是通过构建契约关系实现委托人与代理人利益的相互协调。不同的是，委托代理理论关注的是在不同的控制环境下实现激励相容，获得最优激励契约。最优契约理论聚焦于信息不对称环境下薪酬契约的制定问题，是建立在薪酬契约的效果可观测可验证的基础上得到的最优激励契约。

根据最优契约理论，薪酬应当完全反映代理人的努力程度，公司经营的风险完全由所有者承担，代理人与委托人的利益诉求可以实现完美兼容（Jensen and Meckling，1976）。虽然最优契约也强调委托代理成本的最小化和股东利益的最大化。但是现实执行过程中，代理人的努力程度和工作能力是很难准确观测与衡量的，委托人想要完全掌握代理人努力成果的成本十分高昂，依据代理人努力程度对其给予合理薪酬补偿具有不可操作性。公司业绩却是可以明确观察到的，不仅可以直接反应代理人的努力程度，也与委托人财富最大化目标直接相关。因此，在最优契约理论的指导下，业绩型薪酬契约应运而生，其原理是通过制定与公司业绩高度关联的薪酬契约，将代理人个人报酬最大化的目标与公司业绩、股东财富最大化目标兼容，促使其为提升公司业绩而努力。

然而现实中，最优契约理论下的业绩型薪酬契约面临两个重要约束，一方面公司经营风险并不能完全由所有者承担，代理人作为实际的经营决策者也对经营风险负有不可推卸的责任，其个人的风险偏好会极大影响公司的风险决策，因此最优契约理论关于公司经营风险的假设并不成立。另一方面，业绩指标存在一些随机噪声（Holmström，1979），还会面临代理人主观故意操纵的风险，使其作为薪酬制定的参照物并不完美。在代理人具有薪酬辩护动机的背景下，薪酬与业绩之间的相关性可能是其人为操纵的结果，不能取得预期的激励效果（谢德仁等，2012；罗宏等，2014）。尽管如此，在代理人努力程度难以有效观测的情况下，建立薪酬业绩高度关联的业绩型薪酬契约依然是缓解委托代理冲突的重要机制，成为当前高管薪酬激励的主流做法。

3.1.3 管理层权力理论

最优契约理论认为薪酬契约是解决委托代理冲突的重要机制安排，但是高管权力理论却认为薪酬契约非但没有解决代理问题，反而本身就是代理问题的产物（Bebchuk and Fried，2002，2004）。两种理论的分歧点在于薪酬契约的制定是否能够独立于被薪酬契约约束的代理人，是否能够按照股东财富最大化原则进行。按照最优契约理论的构想，在制定薪酬契约的过程中董事会应当保持独立自主，不受高管的干扰，可以就契约内容与高管进行详细深入沟通，股东可以保证薪酬契约的严格执行，而当董事会或高管逃避薪酬契约约束时，可以受到市场机制的及时监督（Bebchuk and Fried，2002）。然而，这些假设并不成立。现实中高管会利用手中权力影响薪酬契约的设计与执行，为自身牟取私利，从而使高管薪酬契约丧失其应有的激励作用，沦为高管以权谋私的工具。

首先，高管可以干预薪酬的制定过程，选择对自身利益更加有利的薪酬契约。这主要是因为董事会在现实中并不独立于高管，作为高管的重要监督方与薪酬契约的设计方，董事会与高管之间的关系远超出最优契约理论的预期，存在被高管俘获的可能性。一方面，董事通常是由选举产生的，高管在董事提名中扮演重要的角色，有权决定董事人选及其薪酬待遇。这就使董事有动机主动讨好高管，而非与之形成对抗关系。另一方面，如果董事选择与高管对抗，可能损害其在经理人市场中的声誉，降低其进入其他公司董事会的可能性，牺牲未来潜在收益。因此，董事会更可能在高管薪酬契约设计中表现出妥协态度，而非制定对高管存在严格约束的薪酬激励方案。

其次，信息不对称的存在使股东对公司决策细节无法有效掌握，股东权力难以有效行使。这种情况在国有企业中尤为严重，原因在于国有企业存在严重的内部人控制问题和所有者缺位问题。内部人控制使高管在薪酬决策中权力过大，其寻租的自利性行为很难被有效约束。

最后，经理人市场关注的是高管以往的经营业绩，产品市场关心的是企业整体利润和业务量，针对高管薪酬的市场约束机制通常难以形成（权小锋等，2010）。因此，在考虑现实中薪酬契约的制定与实施过程后，管理者权力理论认为，高管可以借助权力牟取超出其公平谈判和工作努力所得的薪酬水平，薪酬契约并不能实现最优契约理论预期的激励与约束作用。管理者权力理论是对最优契约理论的现实补充。

3.1.4 人力资本理论

Schultz（1961）认为存在两种形式的资本：一种是能够创造利润的物质资本，比如生产活动中必要的厂房、设备、机器等；另一种是依附于人存在的知识、技能、智慧、能力等人力资本。两者都是创造公司财富的基础，并不能相互替代，而是共同作用产生投资收益。不同点在于，物质资本通常可以独立存在，但是人力资本却需要以人为载体，是人在长期的学习工作中逐渐积累起来的。马克思主义经济学认为，劳动是创造剩余价值的关键，人力资本在公司价值创造中占据核心地位，其创造的价值远非其他物质资本所能比拟。

高管作为职业的经营管理者，其在长期实践中形成的专业知识、经营管理经验、机会识别能力、风险控制能力、社会关系资源等资本，是公司经营成功不可或缺的要素，而且由于公司所处行业、地域以及经营环境的差异，高管的人力资本具有一定的稀缺性与不可替代性，不同类型公司间的人力资本在某种程度上并不能互通。在这种情况下，公司如果失去经营管理经验丰富的高管，对公司经验造成的影响和损失会非常巨大。同时，由于人力资本难以衡量的特点，人力资本流失对公司的影响很难准确观测，这就为公司的人力资本管理造成了困难。为了吸引和留住优秀管理人才，公司可以通过向高管让渡部分剩余索取权，促使高管从代理人身份转变成公司主人身份，不仅有助于对高管管理才能进行合理补偿，也有助于激励其相互监督与合作，激发其开拓创新的积极性，促使其更专注于公司长期竞争力的塑造。

3.2 资本市场开放与高管薪酬激励的分析框架

根据基础理论分析，高管薪酬契约设计的目标是降低委托代理成本，抑制高管的风险规避倾向，激励高管积极承担风险。本书对资本市场开放与高管薪酬激励关系的研究设计主要从代理冲突治理与风险承担激励视角展开。

3.2.1 代理冲突治理视角

委托代理理论认为，企业就是一系列契约的联结体，在数目众多的契约之中，所有者与经营者之间的委托代理关系是最为典型的一个契约，同时也是最为典型的一类委托代理关系。通过订立契约，所有者可以将其所拥有的资源委托给经营者，由其负责进行管理，并要求经营者以所有者利益最大化为目标。但是，根据理性经济人假说，所有者和经营者作为理性的经济人，都会以各自效用最大化为目标，事实上所有者与经营者的目标并非是完全一致的。例如，股东追求的是企业价值最大化，债权人要求的是债务人能够按时还本付息，经营者却有着更为广泛的经济和心理要求，如增加报酬（包括物质和非物质的，如工资、奖金、社会地位和声誉等），增加闲暇时间和在职消费，避免风险等。可以看出，经营者并不一定会以所有者利益最大化作为其行动的指南。特别在所有者与经营者之间存在信息不对称，经营者拥有更多的企业内部生产经营活动信息的情况下，一旦经营者的自身利益与企业利益不能完全达成一致时，经营者就可能会利用信息优势以牺牲所有者的利益为代价实现自身利益的最大化，这就会产生代理冲突。

在两权分离的公司经营模式下，通过一系列有效的激励和约束机制的建立，促使管理层和股东之间利益趋同成为委托代理理论下希望解决的一个重要的问题。已有研究认为实现这一目标有两条路径：一是让渡企业的一部分剩余索取权给代理人，增强代理人经营成果与其自身利益的相关性，提高管理层努力工作以提高企业业绩的动力，实现公司经营效率提升、整体股东利益最大化。例如，所有者与经营者签订的股权激励计划就是一种契约，股权激励计划将经营者的报酬和企业价值直接挂钩，企业价值升高，经营者将来可能获得的收益就会增加，实现了所有者与经营者自身利益最大化的目标趋同；二是通过建立健全公司治理中的监督机制，加强对代理人机会主义行为的约束，防止代理人从事以牺牲股东利益为代价的行为。为了确保契约得到了有效的执行，所有者需要对经营者执行契约情况进行必要的监督，这种监督是会产生成本的，在理性预期下，所有者可能采用等量降低代理人报酬的方式来补偿其发生的监督成本，这就会使得经营者成为监督成本的最终负担者。委托代理理论认为监督成本的存在不仅会降低投资者的报酬，还会降低经营者的奖金、分红和其他报酬。

高管与股东之间的委托代理冲突是高管薪酬契约需要解决的重要问题。根据最优契约理论，高管薪酬应当完全反映高管的努力程度，公司经营的风险完全由所有者承担，高管目标与股东目标可以实现完美兼容（Jensen and Meckling，1976）。将高管薪酬水平与公司业绩直接关联形成的业绩型薪酬契约是在这一理论指导下的重要成果,实践中确实起到了缓和两者利益矛盾的积极作用(Fama,1983;Holstrom,1979;Jensen and Murphhy,1990;刘斌等,2003)。然而,现实中业绩型薪酬应用过程中存在各种各样的漏洞,可能使得薪酬契约沦为高管牟取私利的工具,甚至进一步恶化公司治理环境(郑志刚,2012)。

虽然薪酬契约制定是由董事会完成的,但是在具体操作上并不能完全排除高管的干预与影响。高管特别是CEO在董事提名中通常扮演着重要角色,有权决定董事人选及其薪酬待遇。在这种制度安排下,董事监督高管薪酬操纵行为会损害自身利益,一旦与高管对抗或爆发冲突,会损害董事在经理人市场的声誉,降低跳槽进入其他公司董事会的可能性,因此董事有充分动机在高管薪酬契约制定过程中向高管妥协以讨好高管,使得本应作为监督方的董事反而被高管俘获,高管凌驾于契约激励制度之上。业绩型薪酬契约设计中的业绩指标选择与业绩结果核定阶段都存在操纵空间,比如高管可以选择对自己更有利与更容易实现的业绩目标或者通过盈余管理操控业绩指标。除了正式薪酬外,高管还可以通过奢靡的在职消费、构建商业帝国和腐败等隐蔽途径实现权力寻租,这些都会造成业绩型薪酬契约激励的失效。在管理层权力理论框架下,高管薪酬契约非但没有解决代理问题,反而本身就成为一种代理问题(Bebchuk and Fried,2002,2004)。

集中体现高管薪酬设计中代理问题的是高管超额薪酬与薪酬业绩背离。高管超额薪酬是高管获得超出其努力成果的利益攫取结果,高管薪酬与公司业绩相背离是薪酬变动失去业绩锚定的业绩型薪酬失败结果。两者都是高管薪酬契约激励失效的主要表现。造成这两种乱象的根本原因就是高管滥用权力干预薪酬契约的设定、执行与核定流程,扭曲薪酬契约原始的激励功能,使之沦为高管利益攫取工具。资本市场开放作为新的外部治理机制,通过引入境外投资者、提高资本市场交易的活跃度，应当能够对高管薪酬设计中反映代理冲突的超额薪酬与薪酬业绩背离问题，形成一定的治理效应。基于代理冲突视角探究资本市场开放对高管薪酬乱象的治理作用，是考察资本市场开放与高管薪酬激励关系的主要角度之一。

3.2.2 风险承担激励视角

一般而言，除了公司所处宏观环境变化引起的系统性风险外，构成公司风险的主要是自身的异质性风险，是公司风险决策选择造成的结果。比如进行高研发活动或者实施并购都会显著提升公司的异质性风险。风险与机遇并存，高风险往往伴随着高收益。这些风险决策行为虽然造成公司风险水平的上升，但是也为公司创造价值提供了机会，是公司构建竞争力的必经之路。在没有委托代理关系的情况下，公司所有者既是风险决策者又是风险承担者，可以根据自身的风险承受能力与意愿选择合适的公司风险水平，实现风险与价值的合理平衡，在可控风险范围内尽可能多地创造企业价值。然而，在委托代理关系中，风险决策者是高管，而风险的最终承担者是股东。两者风险偏好的不同使高管的风险决策行为并不一定符合股东的风险偏好，可能不利于企业价值创造（Sepe，2010）。

基于委托代理理论，公司风险承担背离价值创造需求存在三种情况：（1）风险转移与过度投资；（2）风险规避与投资不足；（3）风险追逐与投资过度（黄再胜，2012）。风险转移是指在第二类委托代理关系中，股东与债权人之间的代理冲突可能促使股东过度投资导致风险向债权人转移的利益侵害行为。这主要是因为在股东与债权人的委托代理关系中，债权人仅享受固定利息收益，剩余收益由股东享有。在高风险项目投资中，股东可以从成功的冒险行为中获取巨额收益，而失败风险主要由债权人承担。这种风险与收益的不匹配使得在高负债率公司中，股东具有向债权人转移风险的倾向，其风险投资决策更可能表现为过度投资。风险转移与过度投资讨论的是股东与债权人委托代理关系导致的风险承担不当问题，并不受高管薪酬激励的影响。剩下两种风险规避与风险追逐问题都是在高管与股东委托代理关系中形成的。

在不考虑其他因素的条件下，高管通常被视为是风险嫌恶的。这主要是因为高管个人收益基本依靠所在公司发放的薪酬，而薪酬中的基本薪酬以及退休金、离职金、在职消费等各种福利属于固定薪酬性质，与公司业绩的关联性较弱，高管在其位就会得到相应的固定薪酬，职位晋升后会得到更高的固定薪酬。高管薪酬中的固定薪酬比例越高，高管越倾向于维持现状，越没有动机进行高风险的投资，创新的积极性越小（Sunderan and Yermack，2007；Dever et al.，2008）。因为如果风险性项目成功，则巨额收益由股东享有，高管仅获得与职位相关的有限薪酬。但是如果风险性项目失败，则高管被解职风险会陡然提高，甚至影响后续的职业生涯。在这种不对称的利益分配格局下，规避风险成为高管的最优选择，使公司投资不足，偏离价值创造目标。

为了解决代理理论中高管风险决策保守的问题，在高管薪酬契约中增加风险性薪酬成为调节两者风险收益不对称问题的主要手段。常见的形式包括业绩奖金、股权激励、长期激励计划等绩效薪酬。然而，新激励方式的引入以及薪酬结构变化，可能会刺激高管从风险规避走向风险追逐，造成公司过度投资。具体表现为：第一，高管薪酬中短期薪酬的比例越高，越能够激励高管采取短期冒险行为，助长经营决策的短视化倾向，使公司暴露在长期风险中（Hill，2010）。尤其是股票期权行权期临近时，高管通过短期冒险或者盈余管理刺激股价上升，在股票市场套现的动机越强（Murphy，2010）。第二，股权激励中蕴含的风险激励成分越高，高管风险追逐动机越强，越有兴趣加大研发投资、提高负债率、加紧并购，使公司风险承担水平上升（Coles et al.，2006；Hagendorff and Vallascas，2011）。第三，高管薪酬中保底薪酬、金色降落伞以及高额的离职金等具有保险性质的薪酬比重越高,为高管进行高风险项目投资提供的收益安全垫越多,高管对风险性项目投资失败的容忍度越高,越能够激发高管风险追逐积极性(Francis et al., 2011)。第四,从高管薪酬变动角度来看,高管薪酬"升多降少"的刚性特点以及"重奖轻罚"的黏性特点,都有助于提高薪酬契约的失败容忍度,客观上加剧高管的过度投资倾向(Manso, 2011;徐悦等,2018;陈修德等,2021)。

相比于货币薪酬,股权薪酬因其与公司未来股价相关联,价值兑现在未来时点,通常被视为风险性薪酬。基于风险承担激励视角探究资本市场开放对高管股权薪酬与薪酬结构的影响,是考察资本市场开放与高管薪酬激励关系的第二个角度。而在具体的风险承担激励效应检验中,可以使用企业创新作为观察指标。原因在于,创新是企业风险决策的主要构成内容,也是企业核心竞争力的重要组成。创新活动的高风险特点与高管薪酬结构中股权薪酬的风险激励属性相对应,从企业创新的角度可以很好地考察高管薪酬结构的风险激励结果。

3.3 本章小结

本章围绕主题,分别阐述了委托代理理论、最优契约理论、人力资本理论、管理层权力理论的主要内容,剖析其在高管薪酬激励研究中的应用。委托代理理论是高管薪酬契约建立是基本背景,也是薪酬激励的核心目标与主要干扰因素,是理解高管薪酬激励失效的最基础理论。最优契约理论解释了信息不对称环境下薪酬契约的设计问题,是高管薪酬契约设计的主要锚定理论。管理层权力理论是对最优契约理论的延伸与补充,阐述的是非理想情况下高管薪酬契约建立中存在的主要干扰因素及其影响后果。人力资本理论是解释股权薪酬实施必要性的主要理论依据。

根据上述四个基础理论，本章归纳总结了造成高管薪酬激励未达预期目标的两个核心问题，一是代理冲突对高管薪酬激励的干扰，体现为高管超额薪酬与薪酬业绩背离两类常见的薪酬乱象；二是薪酬激励不当对高管风险偏好的扭曲，使企业风险承担背离价值创造需求，研究对象为高管股权薪酬与薪酬结构，风险激励效应的检验对象为企业创新。综合代理冲突治理与风险承担激励两个视角，本章构建出资本市场开放与高管薪酬激励的研究框架。

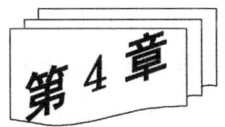

第 4 章
资本市场开放对高管货币薪酬激励的影响

本章主要从高管薪酬水平和高管薪酬变动两个角度,考察了资本市场开放对两类常见的高管货币薪酬激励问题的影响,回答资本市场开放是否有利于抑制高管超额薪酬以及提高高管货币薪酬激励有效性的问题。本章的内容安排如下:第 1 节在相关文献的基础上阐明本章所要探究的核心问题,构建本章的研究框架;第 2 节依据相关理论分析提出本章的研究假设,推导出资本市场开放对高管货币薪酬激励的可能影响;第 3 节为研究设计部分,包括样本选取、数据来源、模型设定与变量定义;第 4 节为实证结果与分析部分,包括样本的描述性统计、相关性分析、回归结果分析与稳健性检验;第 5 节分别从股价信息反馈效应、信息环境改善和股东监督强化三个方面对互联互通交易制度的影响机制进行检验;第 6 节从多个维度展开了进一步分析,对本章假设进行拓展性研究,以补充相关研究证据,丰富本章的研究结论;第 7 节为本章小结,归纳总结本章的研究结论与启示意义。

4.1 问题的提出

以股票市场交易自由化为主要内容的资本市场开放政策,通常被认为便于从国际资本市场引入境外资本，推动国内资本市场的发展与开放，提高国内资本市场与国际资本市场的互联互通，对于完善国内上市公司治理结构，推动国内资本市场改革具有重要作用。我国资本市场先后经历了从B股、H股开放到建立合格境外机构投资者（QFII）制度，再到开放与香港股票市场、伦敦股票市场互联互通的制度。随着资本市场开放的不断推进下，新一轮以沪港通为代表的互联互通制度的实施效果，受到了研究者的普遍关注，对于后续我国资本市场改革具有先导性意义。国内学者针对互联互通制度的研究一方面探究了宏观层面的资本要素流动，发现互联互通提高了内地资本市场与香港资本市场之间的联动性，有利于提升内地资本市场的稳定性（严佳佳等，2015；徐晓光等，2015，2017；刘海飞等，2018），股票价格的信息含量有所增加，对公司特征信息的反映更加充分（钟覃琳和陆正飞，2018）。另一方面从多个维度研究了微观企业行为的影响效果，包括股利政策（Cao et al.，2017；陈运森等，2019）、融资决策（肖涵和刘芳，2019；丁一和李启佳，2020）、投资决策（连立帅等，2019；丰若旸和温军，2019；陈运森和黄健峤，2019）和信息披露质量（邹洋等，2019；刘焱等，2019）等。高管激励角度的研究有利于剖析资本市场开放政策对微观公司治理的作用机制，已成为资本市场开放经济后果领域研究中不可忽视的重要内容。

高管薪酬作为公司治理核心机制中的一部分，既能够有效缓解公司所有者与高管之间的委托代理冲突，同时也是高管机会主义行为的高发区。广义高管薪酬中，货币性薪酬是高管权利寻租的重要对象。高管可以利用自身权力干预薪酬契约制定与考核过程，通过盈余管理等业绩操纵行为，为自身牟取更高薪酬，使高管货币性薪酬偏离高管努力程度和公司业绩。这种现象通常被称为高管货币薪酬乱象。杨德明和赵璨（2012）将上市公司的高管货币薪酬乱象概括为三种类型：（1）薪酬过高，即天价薪酬问题；（2）薪酬过

第4章 资本市场开放对高管货币薪酬激励的影响

低,即零薪酬问题;(3)薪酬不合理变动,即薪酬与业绩相互背离。本质上来说,高管货币薪酬乱象分为高管货币薪酬水平不合理和高管货币薪酬变动不合理两种状况。过高或者过低薪酬都意味着高管货币薪酬水平的不合理,薪酬变动与公司业绩的背离即为高管货币薪酬变动的不合理。这两类问题是当前高管货币薪酬乱象研究的核心焦点,本质上都是高管薪酬契约违背最优契约理论的结果。

根据最优契约理论,高管薪酬应当完全反映高管的努力程度,公司经营的风险完全由所有者承担,高管目标与股东目标可以实现完美兼容(Jensen and Meckling,1976)。在最优契约理论的指导下,业绩型薪酬契约应运而生,其原理是通过制定与企业业绩高度关联的薪酬契约,将高管个人报酬最大化的目标与企业业绩、股东财富最大化目标兼容,促使高管提升企业业绩。

然而现实中,最优契约理论关于公司经营风险的假设并不成立,企业经营风险并不能完全由股东承担,高管作为公司重要决策者,也对经营风险负有不可推卸的责任,其个人的风险态度极大地影响了公司的决策选择。在这种情况下,将高管薪酬与公司业绩相挂钩,推动业绩型薪酬契约成为激励高管的次优选择(Jensen and Murphy,1990)。在这种次优薪酬契约下,高管需要承担一定的经营风险,作为薪酬契约制定基础的企业业绩并非完美基准,存在噪声以及人为操纵的可能性。尤其是在高管具有薪酬辩护动机的背景下,薪酬与业绩之间的相关性可能是高管人为操纵的结果。

虽然业绩型薪酬契约在实际执行过程中存在从契约设计、业绩指标选择到业绩结果操纵等各环节的干扰因素,但是相关研究基本证明了业绩型薪酬对高管存在有效的正向激励效果,变相为缓解代理问题和降低监管成本(Fama,1983;Holstrom,1979;Jensen and Murphhy,1990;刘斌等,2003)。因此,业绩型薪酬契约依然是当前高管激励的主要机制,在我国上市公司得到了较大范围内的应用,成为学术界高管激励机制研究的重要领域。由业绩型薪酬契约延伸出来的高管薪酬乱象，在静态上表现为高管薪酬水平偏离合理水平，研究对象主要为高管超额薪酬；在动态上表现为高管薪酬变动与公司业绩的背离，研究对象主要为货币薪酬激励有效性。本章对高管货币薪酬的研究主要从这两个角度出发。以互联互通制度为代表的资本市场开放政策对高管超额薪酬是否存在治理效应？能否提高上市公司高管货币薪酬激励的有效性？这是本章所要回答的主要问题。

4.2 理论分析与研究假设

4.2.1 资本市场开放与高管超额薪酬

有效的高管薪酬契约能够减少股东与管理层之间的委托代理冲突，使管理层基于股东的利益出发，避免委托代理问题引发管理层决策偏离股东价值最大化目标。因此，在理想的状态下，高管薪酬契约应当由董事会按照股东价值最大化的目标制定，并对高管起到有效的激励作用。基于最优契约理论，有效的高管薪酬契约能够对管理层私利行为进行约束，并将管理层与股东目标进行兼容（Jensen and Merkling，1976；Jensen and Murphy，1990；方军雄，2012）。然而，与之相对的，基于管理层权力理论，管理层为牟取个人私利会利用手中权力对薪酬契约的设计与执行进行干涉，从而使高管薪酬契约丧失应有的激励作用，沦为管理层以权谋私的工具。在这种情况下，高管获得的超出其公平谈判和工作努力所得的收入，即高管超额薪酬，成为管理层权力的体现。管理层权力越大，受到的约束越小，高管超额薪酬水平越高。

高管超额薪酬本质上是管理层权力寻租的结果，源于内部治理与外部监督制度中所存在的固有缺陷。内部治理方面，作为管理层的重要监督方与薪酬契约的设计方，董事会有被管理层俘获的可能性。一方面，管理层在董事提名中扮演重要的角色，有权决定董事人选及其薪酬待遇。这就使得董事有激励主动讨好管理层，而非与之形成对抗关系。另一方面，与管理层对抗的声誉会损害董事在经理人市场的利益，降低其进入其他公司董事会的可能性。因此，董事更可能在高管薪酬契约设计中表现得更为妥协，通过增加高管薪酬讨好管理层。

股东监督方面，由于信息不对称导致股东掌握公司全部决策细节存在困难，因此股东权力无法有效行使。这种情况在国有企业中尤为严重，主要源于国有企业特殊性质导致内部人控制严重问题以及所有者缺位问题。内部人控制使高管在薪酬决策中权力过大，其寻租的自利性行为很难被有效约束。所有者缺位使国企股东缺乏行使权力的基础。外部监督方面，经理人市场关注的是高管以往的经营业绩，产品市场关心的是企业整体利润和业务量，针对高管薪酬的市场约束机制通常难以形成（权小锋等，2010）。因此，综合来看，在管理层权力理论框架下，高管薪酬契约非但没有解决代理问题，反而本身成为一种代理问题（Bebchuk and Fried, 2002, 2004）。

高管超额薪酬会产生一系列负面的经济后果，并对传统公司治理理论带来新的挑战（郑志刚，2012）。首先，高管利用自身权力对薪酬契约的设计及执行进行操纵，导致公司价值和外部投资者的利益遭到损失；其次，当超额薪酬成为高管牟取私有收益的可行方式时，随之而来的薪酬辩护行为包括会计操纵、盈余管理以及财务造假等会进一步损害投资者利益；最后，高管超额薪酬增加了高管与员工之间的薪酬差距，加剧了收入分配的不公平性，这在一定程度上会损伤员工工作的积极性，降低公司的生产效率。进一步，高管超额薪酬也会引发社会公众的愤怒，损害公司声誉。传统公司治理机制框架下，董事会被赋予了监督管理层私利行为的职责，薪酬董事会负责对高管薪酬契约进行设计。但是依据管理层权力理论，董事有被管理层俘获的可能性，导致其在薪酬契约谈判中无法保持独立性。投资者可能因此对董事会的治理作用产生质疑，对公司的内部控制与治理提出新的要求。

以沪港通和深港通为代表的新一轮资本市场开放政策旨在为我国资本市场引入更多境外投资者，提高资本市场交易的活跃度，为上市公司借鉴外部市场的治理经验提供便利，应当有利于抑制管理层私利行为，降低高管超额薪酬。就治理方式而言，连立帅等（2019）指出互联互通的交易制度设计对境外投资者"用手投票"的治理作用会产生抑制作用，促使其更多地通过"用脚投票"实现治理目的。原因在于，第一，互联互通交易制度对香港投资者针对内地标的公司的持股比例进行了限制。2016年9月证监会发布的《内地与香港股票市场交易互联互通机制若干规定》要求单个、全部境外投资者对单个上市公司的持股比例不得超过10%、30%。第二，互联互通交易制度要求香港中央结算有限公司作为香港投资者的名义持有人，代为行使股东权利，而不是由香港投资者直接行使股东权利。第三，互联互通交易制度指出香港投资者购买内地标的股票有一定的要求，需要通过香港联合交易所在上海设立的证券交易服务公司代为申报，使香港投资者与内地上市公司管理层仍然处于两个资本市场体系之下，不满足投资者与管理层交流沟通的同一市场要求（Bena et al., 2017）。

因此，通过互联互通制度进入内地上市公司的境外投资者主要是通过购买或出售股票即"用脚投票"的方式影响股价，进而对公司治理和管理层决策产生影响。这也与现有关于境外投资者治理作用的研究结论一致。相关研究指出，境外投资者由于本土化程度较低，参与公司治理成本较高，加上其相比于国内机构投资者对被投资国的国情了解较少，参与公司治理的积极性较低，更多地扮演"价值投资者"的角色，而不是"价值创造者"。尤其是当境外投资者持股比例较低时，其参与公司治理获得的收益较低，而付出的代价较大，导致收益与成本不匹配，无法达到激励境外投资者参与公司治理的目的，其理性选择是搭便车，而不是参与治理（李蕾和韩立岩，2013）。

互联互通制度引入的境外投资者"用脚投票"行为本身有利于提高内地标的公司的股票流动性与股价信息含量，进而改善高管薪酬契约。一方面，虽然相比于境内投资者，境外投资者受制于地理距离、文化差异以及制度差异，在内部信息获取与公司治理参与方面相对劣势（Chan et al.，2008），但是在全球性信息整合、信息解读与投资经验等方面存在明显优势（连立帅等，2019）。从信息获取环节来看，由于香港是全球金融与信息中心之一，香港投资者在获取全球范围内的信息方面更具有优势；从信息的分析与解读环节来看，由于香港资本市场中机构投资者的比例较高，其拥有强大的专业知识背景、人力技术资源与投资能力，对于国际市场信息的分析与解读能力更强。

因此，处于信息优势地位的境外投资者进入内地资本市场后，会将知情交易相关信息反映在股票价格中，从而提升股价信息含量（钟覃琳和陆正飞，2018）。同时，作为知情交易者，境外投资者的交易行为会产生一定的信号作用，带动其他投资者的"羊群行为"，产生远高于其持股比例的市场影响。丰若旸和温军（2019）的研究发现，沪港通能够通过提高国有企业的股票流动性促进其技术创新活动。根据流动性假说理论，拥有流动性股票越多的投资者在之后的交易过程中所产生的交易成本越低。这就为境外投资者"用脚投票"提供了成本优势和交易便利。而从境外投资者的投资需求角度来看，由于境外投资者的投资组合为境外资本跨国配置投资组合，基于市场分割理论，境外投资者不会受到本国市场分割政策的影响，内地资本市场的系统性风险对于境外投资者而言是可以分散的非系统性风险。这样有助于降低境外投资者的预期投资报酬率，提高其投资内地资本市场的积极性。苏冬蔚和熊家财（2013）

的研究显示，股票流动性能够促进 CEO 薪酬股价敏感性的提升，进而减少代理成本。股票流动性越高，股价信息含量越高，高管薪酬信息在股价中的反应更为充分，高管的薪酬决策行为与股价的关联性越强，高管超额薪酬的私利行为更容易被投资者关注与约束。

互联互通交易制度还可以通过优化公司治理机制，达到抑制高管超额薪酬的目的。虽然根据前述分析，互联互通制度引入的境外投资者直接参与公司治理的"用手投票"行为受到该制度设计的一系列限制，存在的可能性并不高，但是作为新一轮资本市场开放与金融制度创新的重要举措，互联互通制度的实施会倒逼国内的金融改革与公司治理制度优化。比如沪深交易所分别发布的《关于加强沪港通业务中上海证券交易所上市公司信息披露工作及相关事项的通知》和《关于深港通业务中上市公司信息披露及相关事项的通知》均对标的公司的信息披露、股东行权便利性和投资者管理等方面提出了具体要求。与此同时，被纳入互联互通交易标的上市公司会受到更多的市场关注，提出更高的审计需求（周冬华等，2018），面临更强的监督环境。因此，互联互通制度有利于改善公司的信息环境，降低其股价崩盘风险（华鸣和孙谦，2018；师倩和侯德帅，2019）。公司信息环境的改善有利于约束管理层权力，倒逼公司进行治理结构改革，进而压缩高管利用薪酬契约牟取私利的自利性行为。

综合来看，虽然互联互通引入的境外投资者"用手投票"的动机不足，存在一定的政策限制，但是互联互通制度为境外投资者通过"用脚投票"参与公司治理提供了交易便利。来自发达市场的境外投资者依据自身的信息资源、投资理念、投资能力等方面的优势，可以被视为知情交易者，通过股价信息反馈效应，提高股价对薪酬信息的反应程度，并且通过改善公司治理，约束管理层权力，进而降低高管超额薪酬的私利行为。综合上述分析，本书提出如下假设：

假设 4.1：互联互通交易制度的实施有利于降低高管超额薪酬。

4.2.2 资本市场开放与货币薪酬激励有效性

根据委托代理理论，高管与股东利益函数的不一致，以及两者之间的信息不对称性，可能促使高管在具体决策时背离股东利益（Jensen and Meckling, 1976）。最优薪酬契约理论认为，股东应当根据高管的努力程度给予薪酬补偿，由此制定薪酬契约。但是由于股东对高管行为的掌握成本太高，而且高管实际努力程度难以准确衡量，股东无法根据其努力程度进行最优的薪酬设计。实际执行过程中，公司通常会选择企业绩效，作为可观测的替代性指标来反映高管的努力程度，在此基础上将高管薪酬与企业业绩挂钩，设计高管的薪酬契约（Jensen and Murphy, 1990）。

高管薪酬与企业业绩之间的薪酬业绩敏感性越高，说明业绩对薪酬的驱动效应越大，两者结合越密切。但是这种薪酬设计思路面临着管理者权力理论的挑战，并不一定能够有效降低高管委托代理成本（权小锋等，2010）。一方面是因为企业业绩中包含一定的"噪声"（Holmstrom, 1979），比如管理层主观的盈余操纵行为。另一方面，在超额薪酬的背景下，管理层有强烈的薪酬辩护动机，通过报酬业绩敏感度的提高来为薪酬做"结果正当性"辩护（谢德仁等，2012），以减少外部愤怒成本。总的来说，企业业绩能够在一定程度上反映高管的努力程度，根据企业业绩确定高管薪酬是合理的（张兴亮，2015）。

资本市场开放可以通过三个途径提升高管薪酬业绩敏感性，强化高管薪酬契约激励的有效性。第一，互联互通制度引入的境外投资者的交易行为有助于提高内地资本市场的股价信息含量，带来直接的股价信息反馈效应，使股价能够及时充分地吸收公司价值相关信息。而股价信息含量的提高会促进股价对公司的基本经营情况以及高管工作努力程度的反应（Holmstrom and Tirole，1993），进而为高管薪酬契约设计中业绩指标的选取和基准制定提供更为坚实的基础，有助于公司制定出更为合理有效的薪酬契约。第二，根据前述分析，互联互通制度有助于降低高管超额薪酬，进而降低高管的薪酬辩护动机和薪酬操纵行为，使得企业业绩中的"噪声"减少，有利于提升业绩指标的准确性，加强薪酬契约的有效性。第三，互联互通制度有助于优化公司治理机制，加强对高管的监督效应。这种监督效应不仅来自潜在的新引进境外投资者的监督，还源于境外投资者交易行为撬动的其他资本市场主体包括监管机构、审计师、境内投资者等的监督。同时，互联互通对公司的信息环境的提升作用也有助于提高监督效应的发挥，促进高管薪酬业绩敏感性的提高，以降低委托代理成本。基于此，本书提出如下假设：

假设4.2：互联互通交易制度的实施有利于提高高管薪酬货币薪酬激励的有效性，提高薪酬业绩敏感性。

4.3 研究设计

4.3.1 样本选取与数据来源

沪港通和深港通制度的正式实施时间分别为2014年和2016年。考虑到这两种改革措施制度属性的一致性，本书将沪港通和深港通样本同时纳入研究范畴，简称互联互通。首先选取2010—2019年A股上市公司为研究样本，然后剔除金融类样本，剔除财务数据异常（资产负债率>1），剔除ST、ST*、PT等被特别处理的样本，剔除变量缺失样本后，对变量实施1%水平的缩尾处理。经上述处理后，共计得到20093个观测值。所有数据均来自CSMAR数据库，使用Stata和Excel软件完成数据整理与分析。

4.3.2 模型设定与变量定义

（1）资本市场开放对高管超额薪酬影响的检验模型

在开展实证研究之前，本章首先需要对高管超额薪酬进行量化。参考权小锋等（2010）、程新生等（2015）、蔡贵龙等（2018）的做法，本书使用分年度分行业的面板数据，通过如下回归模型估计上市公司高管超额薪酬水平，以此作为高管薪酬水平合理性的量化指标。高管超额薪酬估计模型如下：

$$Pay_{i,t} = \alpha_0 + \alpha_1 Pay_{i,t-1} + \alpha_2 Size_{i,t} + \alpha_3 Leverage_{i,t} + \alpha_4 ROA_{i,t} + \alpha_5 ROA_{i,t-1} + \alpha_6 TobinQ_{i,t} + \alpha_7 Region_{i,t} + \sum Year + \sum Industry + \varepsilon \quad (4-1)$$

模型（4-1）中，被解释变量 $Pay_{i,t}$ 代表上市公司 i 在 t 年的高管货币薪酬水平，使用全部高管薪酬总额的自然对数衡量。控制变量中，加入滞后一期的高管薪酬，以控制薪酬刚性效应的影响。Size、Leverage、ROA、TobinQ、Region 分别为公司规模、财务杠杆率、公司业绩、托宾 Q 值、公司所在地区。对模型（4-1）进行分年度分行业的回归，取该模型回归后的残差作为高管超额薪酬的衡量指标，代指为 Overpay，即高管实际薪酬与预期薪酬之间的差额。Overpay 的值越大，表示高管货币薪酬对决定薪酬水平的前期薪酬、公司规模、财务杠杆率、公司业绩、托宾 Q 值、公司所在地区等因素的偏离程度越大，高管货币薪酬水平的不合理程度越高。

我国互联互通制度实行分批试点模式，定期更换进入互联互通的上市公司名单，这为探究我国资本市场开放的经济后果提供了比较好的准自然实验场景。在高管超额薪酬估计的基础上，本书参考陈运森和黄健峤（2019）、连立帅等（2019）的研究，设计如下双重差分模型检验资本市场开放对高管超额薪酬的影响：

$$Overpay_{i,t} = \beta_0 + \beta_1 HSSC_{i,t} + \eta Controls_{i,t} + \sum Firm + \sum Year + \sum Industry + \varepsilon \quad (4-2)$$

模型（4-2）的被解释变量 Overpay 为高管超额薪酬，由模型（4-1）估算而得。解释变量 HSSC 为互联互通标的公司的虚拟变量，如果上市公司为沪港通或深港通标的股票且处于政策实施年份后，则取值为 1，否则取值为 0。Controls 代表一系列影响高管超额薪酬的控制变量，包括公司规模（Size）、财务杠杆率（Leverage）、总资产收益率（ROA）、成长性（Growth）、产权性质（SOE）、股权集中度（Top1）、公司年龄（Age）、董事会规模（Bsize）、独立董事占比（Indep）和两职合一（Dual）。$\sum Firm$、$\sum Year$、$\sum Industry$ 代表公司、年度、行业的固定效应。

（2）资本市场开放对高管货币薪酬激励有效性影响的检验模型

现有研究通常使用高管货币薪酬与公司业绩之间的相关性即高管薪酬业绩敏感性作为货币薪酬激励有效性的衡量指标，其回归模型为：

$$Pay_{i,t} = \beta_0 + \beta_1 Performance_{i,t} + \eta Controls_{i,t} + \sum Firm + \sum Industry + \sum Year + \varepsilon \quad (4-3)$$

模型（4-3）中 Performance 代表公司业绩。现有研究一般使用会计业绩或市场业绩作为公司业绩的衡量指标。会计业绩是指经过会计处理后的企业绩效指标，特点是经过统一的会计处理，可以反映企业过去的财务绩效；市场绩效是指资本市场投资者对企业的估值，不仅反映了企业过去的经营绩效，还包含投资者对企业经营的长期预期。本书分别使用 ROE 和 TobinQ 作为公司会计业绩和市场业绩的衡量指标，带入模型（4-3）中衡量高管薪酬业绩敏感性。回归系数 β_1 代表高管薪酬与公司业绩的敏感性，β_1 大于零，表示上市公司业绩增长会带来高管薪酬的上涨，公司业绩与高管薪酬正相关。

在模型（4-3）的基础上，本章设计如下模型检验资本市场开放对高管薪酬业绩敏感性的影响：

第4章 资本市场开放对高管货币薪酬激励的影响

$$Pay_{i,t} = \beta_0 + \beta_1 Performance_{i,t} + \beta_2 HSSC_{i,t} + \beta_3 HSSC_{i,t} \times Performance_{i,t} + \eta Controls_{i,t} + \sum Firm + \sum Year + \sum Industry + \varepsilon \quad (4-4)$$

模型（4-4）是在高管薪酬业绩敏感性模型（4-3）的基础上引入资本市场开放变量（HSSC）得到的。资本市场开放与公司业绩变量的交乘项（HSSC × Performance）系数，代表资本市场开放对高管薪酬业绩敏感性的影响。β_3 显著为正时，表示资本市场开放有利于提高上市公司高管薪酬业绩敏感性。反之则表示资本市场开放会降低高管薪酬业绩敏感性。

本章所使用的全部变量的定义如表4-1所示。

表4-1 变量定义表

变量名称	变量符号	变量定义
高管货币薪酬	Pay	Ln（全部高管货币薪酬总额）
高管超额薪酬	Overpay	模型（4-1）估计的高管实际货币薪酬与预期货币薪酬之差
公司会计业绩	ROE	本年净利润/年末净资产
公司市场业绩	TobinQ	年末市场价值/年末总资产
资本市场开放	HSSC	上市公司为沪港通或深港通标的股票且处于政策实施年份后，赋值为1，其他情况赋值为0
公司规模	Size	Ln（年末总资产）
财务杠杆率	Leverage	年末总负债/年末总资产
总资产收益率	ROA	本年净利润/年末净资产
成长性	Growth	（本年销售收入-上年销售收入）/上年销售收入
产权性质	SOE	公司属于国有控股企业时赋值为1，其他情况赋值为0
股权集中度	Top1	排名第一的大股东持股数量/公司总股数
公司年龄	Age	Ln（观测年份-公司成立年份+1）
董事会规模	Bsize	董事会成员人数
独立董事占比	Indep	独立董事人数/董事会成员人数
两职合一	Dual	董事长与总经理两个职位由同一人兼任时赋值为1，其他情况赋值为0

续表

变量名称	变量符号	变量定义
公司固定效应	Firm	公司哑变量
年度固定效应	Year	年度哑变量
行业固定效应	Industry	行业哑变量

4.4 实证结果与分析

4.4.1 描述性统计

本章使用的除公司、年度及行业虚拟变量外的所有变量的描述性统计结果列示在表4-2中。整体上看，虽然部分变量存在缺失值和异常值，但是经过删除与缩尾处理后，样本数量并未发生较大变化，变量的统计结果处于合理范围内。

表4-2　　　　　主要变量的描述性统计

变量	观测值	均值	标准差	最小值	中位数	最大值
Pay	20093	14.929	0.809	10.699	14.906	18.584
Overpay	20093	0.000	0.309	-3.170	-0.015	3.308
ROE	20093	0.067	0.123	-0.618	0.070	0.370
TobinQ	20093	2.003	1.754	0.141	1.493	10.654
HSSC	20093	0.201	0.401	0.000	0.000	1.000
Size	20093	22.241	1.289	19.575	22.070	27.149
Leverage	20093	0.441	0.207	0.048	0.437	0.929
ROA	20093	0.041	0.059	-0.202	0.037	0.222
Growth	20093	0.195	0.466	-0.542	0.113	3.196
SOE	20093	0.402	0.490	0.000	0.000	1.000
Top1	20093	0.345	0.148	0.088	0.323	0.743
Age	20093	2.841	0.346	1.099	2.890	3.970
Bsize	20093	8.667	1.720	5.000	9.000	15.000
Indep	20093	0.374	0.053	0.333	0.333	0.571
Dual	20093	0.248	0.432	0.000	0.000	1.000

由表 4-2 可知，样本上市公司高管货币薪酬的均值为 14.929，对应全部高管货币薪酬为 304.497 万元 [exp (14.929)]，中位数为 14.906，与薪酬均值十分接近，说明高管货币薪酬基本符合正态分布。高管超额薪酬 Overpay 的均值为 0，符合残差回归规律。公司业绩指标 ROE 和 TobinQ 的均值分别为 0.067 和 2.003，标准差分别为 0.123 和 1.754，说明市场业绩的波动性大于会计业绩的波动性。互联互通交易制度影响的虚拟变量 HSSC 的均值为 0.201，表明有 20.1% 的样本公司受到了互联互通交易制度实施的外生冲击。

其他控制变量方面，均值与中位数相近，数据基本呈正态分布的有公司规模 Size、财务杠杆率 Leverage、总资产收益率 ROA、股权集中度 Top1、公司年龄 Age。样本公司平均财务杠杆率在 44.1%，半数以上的样本公司成长性大于 11.3%，近 40.2% 的样本公司为国有企业性质，第一大股东持股比例的均值为 34.5%，相比于西方我国上市公司股权集中度相对较高。样本公司的平均上市年龄约为 16 年 [exp (2.841) -1]。其他公司治理变量董事会规模 Bsize 平均人数为 8.667，独立董事占比 Indep 的中位数为 0.333，说明半数样本公司达到了独立董事占董事会总人数 1/3 的标准。两职合一 Dual 的均值为 0.248，说明 24.8% 的样本公司存在总经理与董事长由同一人兼任的情况。

4.4.2 相关性分析

在样本回归之前，先对各变量进行 Pearson 相关性检验。表 4-3 报告了本章主要变量的相关性分析结果。可知，资本市场开放与高管货币薪酬显著正相关，与高管超额薪酬负相关，与研究假设相符，但是显著性不足。资本市场开放与其他控制变量之间的相关系数小于 0.5，说明检验模型不存在严重的多重共线性。后文将通过多元回归进一步检验资本市场开放与高管货币薪酬激励之间的关系。

表 4-3 主要变量的相关性分析

	Pay	Overpay	ROE	TobinQ	HSSC	Size	Leverage	ROA	Growth	SOE	Top1	Age	Bsize	Indep
Overpay	0.38***	1												
ROE	0.21***	0.01*	1											
TobinQ	-0.16***	0.00	0.10***	1										
HSSC	0.32***	-0.01*	0.08***	-0.09***	1									
Size	0.51***	-0.00	0.14***	-0.50***	0.39***	1								
Leverage	0.14***	-0.00	-0.14***	-0.44***	0.05***	0.49***	1							
ROA	0.17***	0.00	0.89***	0.24***	0.07***	0.02**	-0.34***	1						
Growth	0.00	0.10***	0.24***	0.07***	-0.03***	0.04***	0.04***	0.23***	1					
SOE	0.07***	-0.01*	-0.02***	-0.24***	0.02**	0.31***	0.29***	-0.09***	-0.06***	1				
Top1	0.01	-0.05***	0.13***	-0.09***	0.02**	0.22***	0.08***	0.11***	0.00	0.00	1			
Age	0.13***	0.01*	-0.03***	-0.09***	0.02**	0.15***	0.16***	-0.08***	-0.03***	0.24***	-0.09***	1		
Bsize	0.17***	0.03***	0.04***	-0.18***	0.04***	0.28***	0.17***	0.01	-0.02***	0.18***	0.04***	0.04***	1	
Indep	-0.01	-0.03***	-0.02***	0.06***	0.02**	0.01*	-0.01*	-0.01*	0.00	0.29***	0.04***	-0.02***	-0.47***	1
Dual	-0.01	0.02***	-0.00	0.13***	-0.01***	-0.16***	-0.12***	0.03***	0.02***	-0.29***	-0.06***	-0.08***	-0.19***	0.12***

注：***、**、* 分别代表 1%、5%、10% 的显著性水平。

4.4.3 回归结果分析

(1) 资本市场开放与高管超额薪酬

模型（4-2）的检验结果如表4-4所示。列（1）为不控制除年度、行业、公司固定效应外的控制变量后的检验结果，列（2）为全部控制之后的检验结果。可知，无论是否控制相关控制变量，资本市场开放HSSC对高管超额薪酬的回归系数均在1%水平上显著为负，说明互联互通交易制度的实施通过引入境外投资者参与公司治理，降低了高管超额的货币薪酬水平，抑制了高管利用货币薪酬契约牟求私利的自利行为，对高管超额货币薪酬乱象发挥了积极的治理作用。假设4.1得到验证。

表4-4　　　　资本市场开放与高管超额薪酬

	(1)	(2)
	Overpay	Overpay
HSSC	-0.028***	-0.036***
	(-3.41)	(-4.26)
Size		0.030***
		(4.59)
Leverage		-0.037
		(-1.37)
ROA		-0.015
		(-0.28)
Growth		0.000***
		(5.95)
SOE		-0.005
		(-0.24)
Top1		0.039
		(0.92)

续表

	(1) Overpay	(2) Overpay
Age		-0.008
		(-0.19)
Bsize		0.013***
		(4.16)
Indep		-0.106
		(-1.36)
Dual		0.027***
		(3.11)
Constant	-0.051	-0.775***
	(-1.37)	(-3.92)
Firm	Yes	Yes
Year	Yes	Yes
Industry	Yes	Yes
Observations	20093	20093
R-squared	0.002	0.008

注：***、**、*分别代表1%、5%、10%的显著性水平，括号内报告为t值。

控制变量的回归结果显示，公司规模与高管超额薪酬显著正相关，说明规模越大的企业，经营决策的信息不对称程度越高，高管利用谋取超额薪酬的乱象越难以得到有效控制。成长性与高管超额薪酬显著正相关，说明处于快速成长阶段的公司发生高管超额薪酬乱象的概率较高。董事会规模与高管超额薪酬正相关，可能的原因是董事会规模的扩大降低了董事会的决策效率，对高管超额薪酬乱象的约束能力有所下降。两职合一对高管超额薪酬显著正向影响，说明高管权力越大，高管进行权力寻租的动机越强，高管谋求超额薪酬的概率越高。

(2) 资本市场开放与货币薪酬激励有效性

资本市场开放与货币薪酬激励有效性的检验结果如表 4-5 所示。列 (1) (3) 为模型 (4-3) 薪酬业绩敏感性的回归结果。可知,在控制影响高管货币薪酬的众多因素后,高管货币薪酬与公司会计业绩、市场业绩均在 1% 水平上显著正相关,说明我国上市公司普遍使用业绩型薪酬,在这种背景下,薪酬业绩敏感性通常可以作为货币薪酬激励有效性的观测指标。列 (2) (4) 为加入资本市场开放变量后的回归结果,资本市场开放与公司业绩交乘项系数分别为 0.291 和 0.039,均在 1% 水平上通过了显著性检验。说明资本市场开放提高了高管薪酬业绩敏感性,外部监督力量的加强有利于提高高管货币薪酬激励的有效性。假设 4.2 得到验证。

表 4-5　　资本市场开放与货币薪酬激励有效性

	(1)	(2)	(3)	(4)
	会计业绩	会计业绩	市场业绩	市场业绩
	Pay	Pay	Pay	Pay
ROE	0.364***	0.340***		
	(13.16)	(11.81)		
HSSC		-0.043***		-0.081***
		(-3.34)		(-5.59)
HSSC × ROE		0.291***		
		(2.88)		
TobinQ			0.026***	0.024***
			(9.17)	(8.70)
HSSC × TobinQ				0.039***
				(5.73)
Size	0.304***	0.306***	0.341***	0.344***
	(40.97)	(40.47)	(43.58)	(43.29)

续表

	(1)	(2)	(3)	(4)
	会计业绩		市场业绩	
	Pay	Pay	Pay	Pay
Leverage	-0.163***	-0.165***	-0.244***	-0.239***
	(-5.37)	(-5.42)	(-8.28)	(-8.12)
Growth	-0.024***	-0.025***	-0.007	-0.008
	(-3.77)	(-3.89)	(-1.13)	(-1.36)
SOE	-0.044*	-0.042*	-0.045*	-0.043*
	(-1.90)	(-1.81)	(-1.93)	(-1.85)
Top1	-0.168***	-0.173***	-0.132***	-0.134***
	(-3.46)	(-3.56)	(-2.72)	(-2.76)
Age	-0.287***	-0.285***	-0.277***	-0.294***
	(-6.13)	(-6.09)	(-5.90)	(-6.25)
Bsize	0.034***	0.034***	0.033***	0.033***
	(9.25)	(9.22)	(8.94)	(8.85)
Indep	0.182*	0.177*	0.154	0.149
	(1.92)	(1.87)	(1.62)	(1.57)
Dual	0.049***	0.049***	0.049***	0.050***
	(4.88)	(4.88)	(4.89)	(4.96)
Constant	9.017***	8.979***	8.170***	8.179***
	(39.79)	(39.33)	(34.70)	(34.53)
Firm	Yes	Yes	Yes	Yes
Year	Yes	Yes	Yes	Yes
Industry	Yes	Yes	Yes	Yes
Observations	20093	20093	20093	20093
R-squared	0.398	0.399	0.395	0.397

注：***、**、*分别代表1%、5%、10%的显著性水平，括号内报告为t值。

控制变量的回归结果显示，公司规模与高管货币薪酬显著正相关，说明规模越大的企业，经营与决策难度越高，高管薪酬水平越高。财务杠杆率与高管薪酬显著负相关，说明杠杆率越高的公司面临的财务风险较高，支付给高管的薪酬相对更低。成长性与高管薪酬显著负相关，说明处于快速成长期的公司倾向于支付高管更低的货币薪酬。产权性质与高管薪酬显著负相关，说明国有企业比非国有企业支付了更少的高管薪酬，可能的原因是我国针对高管薪酬颁布了一系列限制政策，抑制了高管薪酬的快速增长。股权集中度与高管薪酬显著负相关，说明股东权利越大的公司对高管薪酬的支付水平越低。公司年龄与高管薪酬显著负相关，说明随着公司的成熟，经营难度逐渐降低会导致高管薪酬的降低。董事会规模与高管薪酬正相关，说明董事会规模较大的公司倾向于支付更高的高管薪酬。两职合一与高管薪酬显著正向影响，说明高管权力能够帮助高管争取到更多的薪酬。

4.4.4 稳健性检验

为了增强研究结论的可靠性，缓解内生性因素对结论的干扰，本书进行了以下稳健性检验：

（1）倾向得分匹配—双重差分检验

考虑到互联互通标的股票的选取并不是完全随机的或者外生的，而是人为选择的结果，标的公司与未被纳入名单的公司可能存在一定的固有差异，比如公司规模、盈利能力、成长性和股票流通情况等，使用全样本进行的检验可能面临着样本选择偏误问题。为了排除样本固有差异的干扰，本书采取倾向得分匹配法（PSM），选取公司规模（Size）、总资产收益率（ROA）、市账比（MB）、股票换手率（Turnover）、流通市值占比（Cmv）、股利支付率（Dividend）、营业收入波动率（SDsale）以及年度行业等控制变量作为匹配的参考变量，按照最邻近无放回的配对方法，卡尺范围设定为 0.01，对互联互通标的公司进行匹配。经 PSM 配对后样本处理组与控制组的均值差异检验结果如表 4-6 所示。可知，处理组与控制组在公司规模、总资产收益率、市账比、股票换手率、流通市值占比、股利支付率、营业收入波动率等方面已经不存在显著差异，说明 PSM 处理基本剔除了处理组与控制组在影响是否被纳入互联互通交易名单方面的个体因素。

表 4-6　　倾向得分匹配后处理组与控制组的均值差异

解释变量	Treated	Control	T 值	P 值
Size	21.924	21.934	-0.480	0.630
ROA	0.046	0.047	-1.440	0.150
MB	1.988	1.984	0.100	0.922
Turnover	5.138	5.095	0.500	0.615
Cmv	0.787	0.789	-0.400	0.692
Dividend	0.285	0.279	0.820	0.411
SDsale	0.313	0.315	-0.370	0.708

使用 PSM 匹配后的样本，对模型（4-2）和模型（4-4）进行重新检验的回归结果如表 4-7 所示。列（1）资本市场开放 HSSC 对高管超额薪酬的回归系数显著为负，列（2）和列（3）HSSC 与公司业绩的交乘项系数显著为正，说明资本市场开放降低了高管超额薪酬，提高了高管货币薪酬激励的有效性，对高管货币薪酬激励发挥了积极的治理作用。该实证检验结果与主检验结果保持一致，说明在控制样本选择偏误后，资本市场开放与高管货币薪酬激励之间的因果关系依然成立。

第4章 资本市场开放对高管货币薪酬激励的影响

表4-7 资本市场开放与高管货币薪酬激励：倾向得分匹配

	(1) Overpay	(2) Pay	(3) Pay
HSSC	-0.029**	-0.021	0.000
	(-2.10)	(-0.80)	(0.02)
ROE		0.985***	
		(11.33)	
HSSC × ROE		0.152**	
		(2.58)	
TobinQ			0.019***
			(3.70)
HSSC × TobinQ			0.018**
			(2.53)
Size	0.057***	0.275***	0.260***
	(4.99)	(20.09)	(20.73)
Leverage	-0.085**	-0.261***	-0.297***
	(-2.03)	(-5.82)	(-6.72)
ROA	0.297**		
	(1.97)		
Growth	0.044***	-0.006	-0.028***
	(5.13)	(-0.64)	(-3.05)
SOE	0.026	-0.054	-0.036
	(0.80)	(-1.51)	(-1.03)
Top1	-0.062	-0.039	-0.105
	(-0.91)	(-0.52)	(-1.41)
Age	-0.021	-0.271***	-0.253***
	(-0.33)	(-3.83)	(-3.62)

续表

	(1)	(2)	(3)
	Overpay	Pay	Pay
Bsize	0.005	0.017***	0.015***
	(0.83)	(2.74)	(2.58)
Indep	-0.087	0.120	0.133
	(-0.64)	(0.80)	(0.89)
Dual	-0.005	0.019	0.018
	(-0.35)	(1.24)	(1.23)
Constant	-1.284***	9.228***	9.509***
	(-4.02)	(24.63)	(27.18)
Firm	Yes	Yes	Yes
Year	Yes	Yes	Yes
Industry	Yes	Yes	Yes
Observations	7810	7810	7810
R-squared	0.021	0.436	0.448

注：***、**、*分别代表1%、5%、10%的显著性水平，括号内报告为t值。

(2) 安慰剂检验

本书选择的样本区间较长，期间发生的其他政策或者随机性因素可能会导致高管货币薪酬存在固有差异，使得本书结论并非由互联互通交易制度的开通引起，而是其他因素影响的结果。为了排除这种"隐形偏误"的影响，本书将互联互通交易制度的实施时间向前平推4年，通过虚构政策时间进行安慰剂检验。安慰剂检验结果如表4-8所示。可知，列（1）虚构后的HSSC系数不显著，列（2）（3）虚构的HSSC与公司业绩的交乘项系数同样不显著，说明本书结论不受"隐形偏误"的影响，样本区间发生的其他政策或者随机性因素并不影响本书结论。

表4–8　资本市场开放与高管货币薪酬激励：安慰剂检验

	(1)	(2)	(3)
	Overpay	Pay	Pay
HSSC	-0.013	-0.015	-0.000
	(-1.17)	(-1.10)	(-0.02)
ROE		0.278***	
		(8.42)	
HSSC × ROE		0.303	
		(0.77)	
TobinQ			0.024***
			(7.38)
HSSC × TobinQ			0.004
			(0.87)
Size	0.016**	0.303***	0.340***
	(2.43)	(39.89)	(42.32)
Leverage	-0.065**	-0.167***	-0.243***
	(-2.39)	(-5.51)	(-8.25)
ROA	-0.205***		
	(-3.56)		
Growth	0.070***	-0.025***	-0.007
	(12.59)	(-3.96)	(-1.18)
SOE	-0.002	-0.044*	-0.045*
	(-0.08)	(-1.91)	(-1.94)
Top1	0.025	-0.176***	-0.131***
	(0.59)	(-3.63)	(-2.70)
Age	0.000	-0.293***	-0.280***
	(0.00)	(-6.24)	(-5.95)

续表

	(1)	(2)	(3)
	Overpay	Pay	Pay
Bsize	0.013***	0.034***	0.033***
	(4.05)	(9.22)	(8.93)
Indep	-0.111	0.179*	0.155
	(-1.34)	(1.89)	(1.63)
Dual	0.028***	0.049***	0.049***
	(3.26)	(4.91)	(4.90)
Constant	-0.458**	9.082***	8.210***
	(-2.29)	(39.62)	(34.26)
Firm	Yes	Yes	Yes
Year	Yes	Yes	Yes
Industry	Yes	Yes	Yes
Observations	20093	20093	20093
R-squared	0.014	0.399	0.395

注：***、**、*分别代表1%、5%、10%的显著性水平，括号内报告为t值。

(3) 替换高管货币薪酬的衡量指标

为了控制可能的指标衡量偏误，分别使用董事、监事及高管前三名薪酬总额和CEO薪酬总额的自然对数作为高管薪酬的替代指标。替换高管货币薪酬衡量指标后的回归结果如表4-9所示。列(1)—(3)使用的是董事、监事及高管前三名薪酬总额的自然对数，列(4)—(6)使用的是CEO薪酬总额的自然对数。可知，替换高管货币薪酬衡量指标并未影响本章研究结论，结果保持稳健。

第4章 资本市场开放对高管货币薪酬激励的影响

表 4-9　资本市场开放与高管货币薪酬激励：替换衡量指标

	(1)	(2)	(3)	(4)	(5)	(6)
	董事、监事及高管前三名薪酬			CEO 薪酬		
	Overpay2	Pay2	Pay2	Overpay3	Pay3	Pay3
HSSC	-0.023***	-0.004	-0.061***	-0.105***	-0.275***	-0.383***
	(-3.06)	(-0.48)	(-4.74)	(-2.62)	(-4.85)	(-6.02)
ROE		0.392***			0.675***	
		(14.84)			(5.33)	
HSSC × ROE		0.131**			0.863*	
		(2.57)			(1.94)	
TobinQ			0.029***			0.044***
			(11.59)			(3.56)
HSSC × TobinQ			0.030***			0.115***
			(4.86)			(3.79)
Size	0.019***	0.260***	0.300***	0.133***	0.323***	0.396***
	(3.20)	(38.97)	(42.87)	(4.14)	(9.71)	(11.35)
Leverage	-0.059**	-0.181***	-0.253***	-0.317***	-0.557***	-0.712***
	(-2.43)	(-6.75)	(-9.72)	(-2.42)	(-4.17)	(-5.51)
ROA	-0.141***			-0.238		
	(-2.74)			(-0.86)		
Growth	0.052***	-0.018***	-0.002	-0.003	-0.087***	-0.054**
	(10.27)	(-3.27)	(-0.34)	(-0.12)	(-3.13)	(-1.99)
SOE	-0.026	-0.105***	-0.105***	-0.146	-0.279***	-0.281***
	(-1.42)	(-5.15)	(-5.12)	(-1.47)	(-2.73)	(-2.75)
Top1	0.002	-0.169***	-0.140***	-0.157	-0.526**	-0.438**
	(0.06)	(-3.93)	(-3.26)	(-0.76)	(-2.46)	(-2.06)

续表

	(1)	(2)	(3)	(4)	(5)	(6)
	董事、监事及高管前三名薪酬			CEO 薪酬		
	Overpay2	Pay2	Pay2	Overpay3	Pay3	Pay3
Age	0.066*	-0.098**	-0.098**	-0.189	-0.563***	-0.599***
	(1.80)	(-2.38)	(-2.36)	(-0.96)	(-2.74)	(-2.90)
Bsize	0.006*	0.020***	0.019***	0.026*	0.044***	0.041**
	(1.93)	(6.24)	(5.76)	(1.68)	(2.68)	(2.51)
Indep	-0.032	0.065	0.028	-0.389	-0.541	-0.594
	(-0.43)	(0.77)	(0.33)	(-0.97)	(-1.29)	(-1.42)
Dual	-0.017**	-0.025***	-0.025***	-0.174***	-0.218***	-0.216***
	(-2.22)	(-2.87)	(-2.78)	(-4.16)	(-4.96)	(-4.93)
Constant	-0.666***	9.199***	8.307***	-2.348**	8.331***	6.840***
	(-3.73)	(45.64)	(39.72)	(-2.44)	(8.29)	(6.57)
Firm	Yes	Yes	Yes	Yes	Yes	Yes
Year	Yes	Yes	Yes	Yes	Yes	Yes
Industry	Yes	Yes	Yes	Yes	Yes	Yes
Observations	19351	20109	20109	19152	19898	19898
R-squared	0.011	0.439	0.437	0.006	0.034	0.033

注：***、**、*分别代表1%、5%、10%的显著性水平，括号内报告为t值。

(4) 更换研究样本

除了互联互通交易通道外，境外投资者还可能通过其他资本市场开放方式进入A股上市公司。相比于仅在A股上市的公司，互联互通对同时在境外资本市场上市的A股公司的影响程度可能较低。为了避免B股或H股样本对研究结论的干扰，本书剔除已发行B股或H股样本进行重新检验。回归结果如表4-10所示。可知，本章结论并不受B股H股样本的影响，结论保持稳健。

第4章 资本市场开放对高管货币薪酬激励的影响

表4-10 资本市场开放与高管货币薪酬激励：剔除BH股样本

	(1) Overpay	(2) Pay	(3) Pay
HSSC	-0.027***	-0.035***	-0.070***
	(-3.11)	(-2.60)	(-4.59)
ROE		0.341***	
		(11.52)	
HSSC × ROE		0.286***	
		(2.72)	
TobinQ			0.025***
			(8.72)
HSSC × TobinQ			0.037***
			(5.10)
Size	0.020***	0.303***	0.341***
	(2.98)	(38.58)	(41.52)
Leverage	-0.064**	-0.160***	-0.233***
	(-2.28)	(-5.09)	(-7.68)
ROA	-0.201***		
	(-3.40)		
Growth	0.067***	-0.024***	-0.008
	(11.77)	(-3.78)	(-1.33)
SOE	0.001	-0.054**	-0.054**
	(0.02)	(-2.27)	(-2.25)
Top1	0.041	-0.126**	-0.088*
	(0.95)	(-2.53)	(-1.77)

续表

	(1)	(2)	(3)
	Overpay	Pay	Pay
Age	-0.015	-0.290***	-0.297***
	(-0.35)	(-5.97)	(-6.10)
Bsize	0.013***	0.033***	0.032***
	(3.91)	(8.57)	(8.22)
Indep	-0.136	0.193*	0.166*
	(-1.55)	(1.94)	(1.66)
Dual	0.030***	0.050***	0.051***
	(3.32)	(4.89)	(5.00)
Constant	-0.505**	9.056***	8.235***
	(-2.46)	(38.51)	(33.81)
Firm	Yes	Yes	Yes
Year	Yes	Yes	Yes
Industry	Yes	Yes	Yes
Observations	18892	18892	18892
R-squared	0.015	0.405	0.403

注：***、**、*分别代表1%、5%、10%的显著性水平，括号内报告为 t 值。

根据参与互联互通上市公司所在证券交易所的不同，互联互通可以分为沪港通和深港通两种类型，两者的正式实施时间分别为2014年和2016年。本章分别使用沪港通和深港通样本，对应控制组分别为沪市上市公司和深市上市公司，对假设进行重新检验。分样本的检验结果如表4-11所示。列（1）—（3）使用的是沪港通样本，列（4）—（6）使用的深港通样本。可知，单独使用沪港通或深港通对研究结论不存在干扰，研究结论保持稳健。

第4章 资本市场开放对高管货币薪酬激励的影响

表4-11　　　　资本市场开放与高管货币薪酬激励：
使用沪港通或深港通样本

	(1)	(2)	(3)	(4)	(5)	(6)
	沪港通样本			深港通样本		
	Overpay	Pay	Pay	Overpay	Pay	Pay
HSSC	-0.025**	-0.094***	-0.074***	-0.028***	0.007	-0.042**
	(-2.23)	(-5.35)	(-4.06)	(-2.72)	(0.55)	(-2.33)
ROE		0.323***			0.355***	
		(10.00)			(12.01)	
HSSC×ROE		0.946***			0.222***	
		(7.03)			(3.62)	
TobinQ			0.033***			0.028***
			(8.96)			(10.13)
HSSC×TobinQ			0.049***			0.014*
			(5.41)			(1.72)
Size	0.017**	0.215***	0.266***	0.017**	0.237***	0.279***
	(1.99)	(23.14)	(26.92)	(2.53)	(30.20)	(33.42)
Leverage	-0.075**	-0.208***	-0.281***	-0.065**	-0.131***	-0.197***
	(-2.27)	(-5.88)	(-8.18)	(-2.35)	(-4.25)	(-6.60)
ROA	-0.216***			-0.257***		
	(-2.97)			(-4.47)		
Growth	0.045***	-0.016**	-0.001	0.057***	-0.011*	0.003
	(6.87)	(-2.28)	(-0.08)	(9.74)	(-1.73)	(0.42)
SOE	-0.021	-0.098***	-0.094***	-0.022	-0.016	-0.018
	(-0.80)	(-3.43)	(-3.30)	(-1.07)	(-0.71)	(-0.79)
Top1	0.010	-0.088	-0.060	0.004	-0.093*	-0.073
	(0.19)	(-1.50)	(-1.02)	(0.08)	(-1.80)	(-1.42)

91

续表

	(1)	(2)	(3)	(4)	(5)	(6)
	沪港通样本			深港通样本		
	Overpay	Pay	Pay	Overpay	Pay	Pay
Age	0.012	-0.207***	-0.187***	0.066	-0.122***	-0.129***
	(0.21)	(-3.45)	(-3.11)	(1.60)	(-2.61)	(-2.74)
Bsize	0.003	0.011***	0.009**	0.009**	0.028***	0.027***
	(0.82)	(2.60)	(2.13)	(2.50)	(6.81)	(6.48)
Indep	0.057	0.119	0.084	-0.047	0.174*	0.137
	(0.58)	(1.09)	(0.77)	(-0.52)	(1.71)	(1.35)
Dual	0.023**	0.048***	0.050***	0.014	0.031***	0.032***
	(2.20)	(4.05)	(4.20)	(1.53)	(3.10)	(3.17)
Constant	-0.488*	10.461***	9.268***	-0.668***	9.458***	8.559***
	(-1.84)	(35.67)	(30.24)	(-3.30)	(41.09)	(35.58)
Firm	Yes	Yes	Yes	Yes	Yes	Yes
Year	Yes	Yes	Yes	Yes	Yes	Yes
Industry	Yes	Yes	Yes	Yes	Yes	Yes
Observations	11933	11933	11933	14703	14703	14703
R-squared	0.009	0.396	0.392	0.013	0.449	0.447

注：***、**、*分别代表1%、5%、10%的显著性水平，括号内报告为t值。

（5）增加控制变量

在职消费、股票期权和职位晋升等也是高管薪酬的重要构成部分。为了控制其他激励方式以及其他相关因素对高管现金薪酬的影响，本书借鉴蔡贵龙等（2018）的研究在原有模型基础上增加管理费用率（ManExp）、员工总数（Employee）、地区失业率（Unemprate）和地区人均GDP水平（PerGDP），以缓解遗漏变量对研究结论的干扰。增加控制变量后的检验结果如表4-12所示。可知，模型中增加控制变量后，结果依然保持稳健。

第4章 资本市场开放对高管货币薪酬激励的影响

表 4-12 资本市场开放与高管货币薪酬激励：增加控制变量

	(1) Overpay	(2) Pay	(3) Pay
HSSC	-0.022***	-0.031***	-0.060***
	(-2.91)	(-2.71)	(-4.64)
ROE		0.378***	
		(14.41)	
HSSC × ROE		0.269***	
		(2.97)	
TobinQ			0.029***
			(11.42)
HSSC × TobinQ			0.032***
			(5.24)
Size	0.021***	0.249***	0.287***
	(3.26)	(34.98)	(38.53)
Leverage	-0.042*	-0.165***	-0.245***
	(-1.70)	(-6.05)	(-9.24)
ROA	-0.118**		
	(-2.21)		
Growth	0.055***	-0.017***	-0.004
	(10.69)	(-2.97)	(-0.66)
SOE	-0.024	-0.066***	-0.066***
	(-1.33)	(-3.17)	(-3.16)
Top1	-0.010	-0.163***	-0.126***
	(-0.26)	(-3.74)	(-2.89)
Age	0.056	-0.115***	-0.121***
	(1.50)	(-2.74)	(-2.87)
Bsize	0.007**	0.023***	0.022***
	(2.46)	(6.98)	(6.51)

93

续表

	(1)	(2)	(3)
	Overpay	Pay	Pay
Indep	-0.027	0.113	0.078
	(-0.36)	(1.34)	(0.92)
Dual	0.017**	0.035***	0.036***
	(2.20)	(3.88)	(4.01)
ManExp	0.238***	0.207***	-0.001
	(4.29)	(3.33)	(-0.01)
Employee	-0.003	-0.011	-0.016*
	(-0.32)	(-1.20)	(-1.81)
Unemprate	-0.006	0.001	0.000
	(-0.61)	(0.05)	(0.01)
PerGDP	0.010	0.059	0.041
	(0.27)	(1.38)	(0.96)
Constant	-0.844*	8.654***	8.060***
	(-1.79)	(16.22)	(15.01)
Firm	Yes	Yes	Yes
Year	Yes	Yes	Yes
Industry	Yes	Yes	Yes
Observations	20100	20100	20100
R-squared	0.012	0.438	0.435

注：***、**、*分别代表1%、5%、10%的显著性水平，括号内报告为t值。

（6）平行趋势检验

双重差分检验的一个重要前提是数据满足平行趋势假设，即互联互通交易制度实施前，互联互通标的公司与非标的公司的高管超额薪酬应当不存在显著差异。本书按照互联互通政策冲击的发生时点设置实施前（后）各三年变量。Before1-3（After1-3）分别代表互联互通交易至实施前(后)1—3年的哑变量,Current为政策实施当年的哑变量,检验结果见表4-13。可知,互联互通制度实施前实验组公司与控制组公司的高管超额薪酬不存在显著差异,实施后标的公司高管超额薪酬显著下降,表明本书样本满足平行趋势假设。

表4-13 资本市场开放与高管货币薪酬激励:平行趋势检验

	(1)
	Overpay
Before3	-0.002
	(-0.15)
Before2	-0.021
	(-0.72)
Before1	0.021
	(1.62)
Current	-0.030**
	(-2.42)
After1	-0.032**
	(-2.44)
After2	-0.030**
	(-2.26)
After3	-0.032
	(-1.63)
Size	0.018***
	(2.66)
Leverage	-0.066**
	(-2.45)
ROA	-0.218***
	(-3.78)

续表

	(1)
	Overpay
Growth	0.069***
	(12.37)
SOE	0.001
	(0.05)
Top1	0.024
	(0.57)
Age	-0.000
	(-0.01)
Bsize	0.013***
	(4.07)
Indep	-0.108
	(-1.31)
Dual	0.028***
	(3.26)
Constant	-0.490**
	(-2.42)
Firm	Yes
Year	Yes
Industry	Yes
Observations	20093
R-squared	0.015

注：***、**、*分别代表1％、5％、10％的显著性水平，括号内报告为t值。

(7) 考虑境外投资者实际进入与持股

上文对互联互通的影响研究仅从公司是否加入互联互通标的名单视角展开，然而公司处于互联互通标的名单并不等同于境外投资者实际进入并持有标的公司股票。境外投资者是否持股直接影响互

第4章 资本市场开放对高管货币薪酬激励的影响

联互通交易制度对高管薪酬激励的作用路径。当境外投资者实际进入并持有互联互通标的公司股票时,境外投资者才有可能通过"用手投票"的方式参与公司治理。当上市公司位于互联互通标的名单但是境外投资者无实际进入时,互联互通只能通过提高外部监督压力以及公司对境外投资者的迎合动机,促进对高管货币薪酬乱象的治理。为了更加准确地衡量出经由互联互通交易制度进入标的上市公司的境外投资者对高管超额薪酬的治理效应,检验境外投资者的实际持股行为是否有助于降低高管超额薪酬,本章借鉴孙泽宇和齐保垒(2021)的做法,设置公司进入互联互通交易名单且境外投资者实际进入的虚拟变量(Fordum)以及公司进入互联互通交易名单且境外投资者实际持股比例的连续变量(Forhold),将新设置的两个变量放入模型(4-2)中,回归结果如表4-14所示。结果显示在考虑境外投资者实际进入后,本章结论依然成立。

表 4-14 资本市场开放与高管货币薪酬激励:考虑境外投资者实际进入与持股

	(1)	(2)
	Overpay	Overpay
Fordum	-0.030^{***}	
	(-2.68)	
Forhold		-0.113^{*}
		(-1.87)
Size	0.026^{***}	0.025^{***}
	(4.09)	(3.92)
Leverage	-0.032	-0.030
	(-1.17)	(-1.12)
ROA	-0.003	-0.002
	(-0.05)	(-0.04)

续表

	(1)	(2)
	Overpay	Overpay
Growth	0.000***	0.000***
	(5.96)	(5.97)
SOE	-0.007	-0.008
	(-0.34)	(-0.37)
Top1	0.039	0.040
	(0.93)	(0.96)
Age	-0.006	-0.008
	(-0.14)	(-0.19)
Bsize	0.013***	0.013***
	(4.17)	(4.17)
Indep	-0.100	-0.102
	(-1.28)	(-1.31)
Dual	0.027***	0.027***
	(3.10)	(3.10)
Constant	-0.712***	-0.684***
	(-3.62)	(-3.48)
Firm	Yes	Yes
Year	Yes	Yes
Industry	Yes	Yes
Observations	20093	20093
R-squared	0.007	0.007

注：***、**、*分别代表1%、5%、10%的显著性水平，括号内报告为t值。

4.5 影响机制检验

基于前述理论分析部分对互联互通交易制度影响高管超额薪酬的机制推导，本书从股价信息反馈效应、信息环境改善和股东监督强化三个方面对互联互通交易制度的影响机制进行检验。

4.5.1 产生股价信息反馈效应

股价信息反馈效应路径的逻辑是互联互通交易制度引入的境外投资者本身的交易行为有利于提高股价信息含量，促进公司业绩和高管努力在股价中的反映，使股价作为一种决策有用信息更多地纳入高管薪酬契约的制定过程，指导高管现金薪酬的发放，从而抑制高管权力寻租。本章参考马惠娴和佟爱琴（2019）的做法，分股价信息含量和薪酬股价敏感性两个步骤进行考察，检验结果见表 4 – 15。列（1）（2）考察了公司业绩信息在股价中的反映程度，Price 为公司年末收盘价，ROE 表示当期公司业绩。可以看出，ROE 和 HSSC × ROE 的系数均在 1% 水平上显著，说明股价能够很好地反映公司业绩，而且互联互通制度的实施提高了股价对公司业绩的反映程度，提高了股价的信息含量。列（3）（4）展示了资本市场开放下薪酬股价敏感性的变化。Price 对高管薪酬的回归系数显著为正，说明高管薪酬制定中可能使用了公司股价信息，实现了两者的衔接。HSSC × Price 的交乘项系数显著为正，表明互联互通交易制度的实施能够显著提升公司的薪酬股价敏感性，强化了股价信息在高管薪酬制定中的应用强度。回归结果验证了互联互通交易制度通过提高股价信息含量，促进股价在高管薪酬契约中的指导作用，进而约束高管超额薪酬的影响机制。

表 4-15　基于股价信息反馈效应的影响机制检验

	(1) Price	(2) Price	(3) Pay	(4) Pay
ROE	13.256***	10.093***		
	(19.75)	(14.57)		
HSSC		-3.515***		-0.035***
		(-11.31)		(-2.78)
HSSC × ROE		40.171***		
		(16.49)		
Price			0.002***	0.002***
			(6.00)	(5.16)
HSSC × Price				0.002**
				(2.47)
Size	-0.163	-0.271	0.260***	0.261***
	(-0.90)	(-1.48)	(39.23)	(38.64)
Leverage	-1.468**	-1.367*	-0.274***	-0.275***
	(-1.99)	(-1.87)	(-10.38)	(-10.43)
Growth	1.584***	1.604***	-0.001	-0.002
	(10.37)	(10.55)	(-0.22)	(-0.30)
SOE	-1.559***	-1.446***	-0.073***	-0.072***
	(-2.77)	(-2.59)	(-3.48)	(-3.44)
Top1	2.888**	2.125*	-0.119***	-0.124***
	(2.45)	(1.82)	(-2.73)	(-2.83)
Age	-10.349***	-10.081***	-0.097**	-0.099**
	(-9.09)	(-8.92)	(-2.28)	(-2.34)
Bsize	0.068	0.060	0.022***	0.022***
	(0.76)	(0.67)	(6.75)	(6.71)
Indep	6.367***	5.858**	0.099	0.098
	(2.76)	(2.56)	(1.16)	(1.15)

续表

	（1）	（2）	（3）	（4）
	Price	Price	Pay	Pay
Dual	0.173	0.169	0.034***	0.034***
	(0.72)	(0.70)	(3.77)	(3.79)
Constant	41.994***	43.877***	9.072***	9.068***
	(7.63)	(7.97)	(44.53)	(44.11)
Firm	Yes	Yes	Yes	Yes
Year	Yes	Yes	Yes	Yes
Industry	Yes	Yes	Yes	Yes
Observations	20109	20109	20109	20109
R-squared	0.212	0.224	0.430	0.431

注：***、**、*分别代表1%、5%、10%的显著性水平，括号内报告为t值。

4.5.2 改善信息环境

股东与高管之间的信息不对称是高管牟取超额薪酬的必要条件。资本市场开放对高管超额薪酬的抑制存在信息质量改善路径，尤其是对会计信息质量的治理，有助于提高公司的信息透明度，压缩高管超额薪酬的攫取空间。应计盈余管理程度是广泛被研究的会计信息质量，也是高管干预财务报告进行盈余操纵的主要观察指标。本章参考王亚平等（2009）、孙泽宇和齐保垒（2021）的做法，使用公司过去三年可操控性应计项目绝对值之和（Opaque）作为信息透明度的衡量指标，检验信息透明度在资本市场开放与高管超额薪酬之间的机制作用，回归结果如表4-16所示。可知资本市场开放有利于降低公司的应计盈余管理程度，提高公司信息透明度，进而降低高管超额薪酬。

表 4-16　　　　　　　基于信息环境的影响机制检验

	(1) Opaque	(2) Overpay	(3) 媒体报道	(4) 分析师关注	(5) 研报关注
HSSC	-0.013***	-0.030***	0.057***	0.776***	1.713***
	(-4.98)	(-3.33)	(4.11)	(5.12)	(4.56)
Opaque		0.105***			
		(3.52)			
Size	0.002	0.016**	0.169***	2.957***	6.355***
	(0.77)	(2.18)	(15.33)	(24.67)	(21.38)
Leverage	0.075***	-0.078**	0.048	-0.879*	0.824
	(8.66)	(-2.54)	(1.05)	(-1.79)	(0.68)
ROA	-0.027	-0.154**	0.708***	34.348***	83.330***
	(-1.50)	(-2.42)	(7.36)	(32.88)	(32.18)
Growth	0.018***	0.066***	0.002	-0.305***	-0.519**
	(10.33)	(10.90)	(0.26)	(-3.03)	(-2.07)
SOE	-0.016**	-0.002	-0.026	-1.765***	-4.475***
	(-2.57)	(-0.08)	(-0.78)	(-4.80)	(-4.91)
Top1	0.078***	0.061	-0.259***	-2.330***	-5.767***
	(5.68)	(1.26)	(-3.65)	(-3.03)	(-3.02)
Age	0.048***	0.059	-0.047	-2.676***	-3.454*
	(2.67)	(0.94)	(-0.69)	(-3.60)	(-1.87)
Bsize	0.000	0.012***	-0.003	0.140**	0.412***
	(0.11)	(3.29)	(-0.64)	(2.39)	(2.85)
Indep	0.017	-0.108	-0.122	1.569	3.974
	(0.67)	(-1.17)	(-0.88)	(1.04)	(1.07)
Dual	-0.003	0.029***	0.015	0.123	0.006
	(-0.94)	(2.87)	(1.04)	(0.78)	(0.01)
Constant	-0.105	-0.657**	-0.987***	-54.101***	-125.099***
	(-1.40)	(-2.49)	(-2.96)	(-14.96)	(-13.95)

续表

	(1) Opaque	(2) Overpay	(3) 媒体报道	(4) 分析师关注	(5) 研报关注
Firm	Yes	Yes	Yes	Yes	Yes
Year	Yes	Yes	Yes	Yes	Yes
Industry	Yes	Yes	Yes	Yes	Yes
Observations	16605	16605	20093	20093	20093
R-squared	0.058	0.016	0.109	0.151	0.117

注：***、**、*分别代表1%、5%、10%的显著性水平，括号内报告为t值。

信息透明度提高属于公司的自律行为，属于公司在资本市场开放下的内部信息质量治理结果。公司外部信息环境改善则是他律行为，有助于从外部信息监督压力角度促进公司披露更多私有信息，进而压缩高管薪酬的操纵空间。媒体和分析师是资本市场重要的信息中介，在信息挖掘、促进公司信息披露方面具有积极作用。本章使用媒体报道数量、分析师跟踪人数、分析师研究报告数量作为媒体监督与分析师跟踪的衡量指标，指标进行自然对数化处理。检验结果如表4-16所示。可知，资本市场开放显著提高了媒体报道数量、分析师关注度和研报关注度，积极改善了公司的外部信息环境。综合来看，互联互通交易制度的实施有助于改善公司内外部信息环境，进而发挥积极的超额薪酬治理作用。

4.5.3 加强股东监督

互联互通为公司向其他市场融资开放了更为便捷的直接路径，也为公司带来了更大的监督压力，使之直面来自成熟发达市场投资者的"用脚投票"。境外投资者的交易行为具有一定的示范效应，容易引发其他投资者的跟风。如果互联互通标的公司遭遇香港投资者的抛弃，对公司股价会产生严重不利影响。资本市场开放带来的监督压力会迫使股东加强对高管的监督，抑制高管的自利性行为。

本章参考窦欢等（2014）的做法，使用在股东单位兼职并领薪的高管占高管总人数的比例作为股东监督力度的衡量指标（Supervise），检验结果如表4-17所示。可知，资本市场开放显著提升了股东监督力度，进而有效抑制了高管超额薪酬。说明资本市场开放为公司带来了一定的外部监督压力，促进了股东对标的公司的监督。资本市场开放加强股东监督的影响路径存在。

表4-17　　　　　　基于股东监督的影响机制检验

	（1）	（2）
	Supervise	Overpay
HSSC	0.008**	-0.027***
	(2.42)	(-3.20)
Supervise		-0.085***
		(-4.35)
Size	-0.011***	0.018***
	(-4.11)	(2.68)
Leverage	0.008	-0.068**
	(0.75)	(-2.50)
ROA	-0.031	-0.212***
	(-1.35)	(-3.69)
Growth	-0.002	0.068***
	(-1.13)	(12.27)
SOE	0.091***	0.008
	(11.45)	(0.38)
Top1	0.026	0.029
	(1.56)	(0.67)
Age	-0.008	-0.003
	(-0.50)	(-0.08)
Bsize	0.002*	0.013***
	(1.88)	(4.12)

续表

	(1)	(2)
	Supervise	Overpay
Indep	-0.148***	-0.124
	(-4.53)	(-1.49)
Dual	-0.000	0.028***
	(-0.10)	(3.27)
Constant	0.456***	-0.463**
	(5.81)	(-2.33)
Firm	Yes	Yes
Year	Yes	Yes
Industry	Yes	Yes
Observations	20093	20093
R-squared	0.022	0.015

注：***、**、*分别代表1%、5%、10%的显著性水平，括号内报告为t值。

4.6 进一步分析

4.6.1 "用手投票"还是"用脚投票"

互联互通为境外投资者开辟了新的中国资本市场进入渠道，境外投资者可以借此直接买入A股标的公司股票，进而参与到公司治理中。股东治理作用的发挥一般包括"用手投票"和"用脚投票"两种方式，前者是指通过投票、提交议案等方式直接参与公司重大经营决策，后者是指通过卖出股票造成股价下跌间接约束管理者私利行为。根据上文的分析，本书认为互联互通交易制度引入的境外投资者由于面临持股比例、股份代持、缺乏同一沟通市场等限制，难以通过"用手投票"的方式直接参与公司治理，更有可能通过"用脚投票"的方式实现治理目标（连立帅等，2019）。

本章参考何慧华和方军雄（2021）的做法，使用公司年度股东大会出席股份总数（Br_share）及其减去第一大股东持股比例的中小股东参会比例（Minority）作为股东"用手投票"的衡量指标，检验互联互通是否有助于提高股东尤其是中小股东对股东大会的参与度，促进股东积极行权。同时，参考陈克兢（2019）的做法，计算前十大股东中外资股东的竞争程度（Fhcomp）与公司流通股日换手率（Liquidity）的乘积，作为外资股东退出威胁的衡量指标（FET），以检验互联互通对外资股东退出威胁的影响。良好的股票流动性是外资股东实施退出威胁的重要前提，因此在考察退出威胁前，首先检验互联互通对股票流动性的影响。上述检验结果如表4-18所示。可知，互联互通并未显著提高股东大会的参与度，但是却显著提高了标的公司的股票流动性，加强了外资股东的退出威胁能力。结论与正文分析预期相符，表明经由互联互通引入的境外投资者主要通过"用脚投票"的方式发挥治理作用，而非"用手投票"。

表4-18 "用手投票"还是"用脚投票"

	(1)	(2)	(3)	(4)
	"用手投票"		"用脚投票"	
	Br_share	Minority	Liquidity	FET
HSSC	0.001	0.001	0.170***	0.005**
	(0.67)	(0.55)	(5.26)	(2.21)
Size	0.028***	0.029***	-0.219***	-0.007*
	(17.31)	(19.30)	(-8.57)	(-1.89)
Leverage	-0.088***	-0.094***	-0.226**	-0.005
	(-13.24)	(-15.12)	(-2.15)	(-0.37)
ROA	0.094***	0.082***	0.502**	-0.043
	(6.71)	(6.17)	(2.25)	(-1.43)

续表

	（1）	（2）	（3）	（4）
	"用手投票"		"用脚投票"	
	Br_share	Minority	Liquidity	FET
Growth	-0.010***	-0.004***	0.085***	0.000
	(-7.56)	(-2.87)	(3.94)	(0.01)
SOE	-0.024***	-0.024***	0.032	-0.021*
	(-4.90)	(-5.08)	(0.41)	(-1.96)
Top1	0.555***	-0.396***	0.839***	0.234***
	(53.56)	(-40.56)	(5.11)	(10.47)
Age	-0.302***	-0.291***	-0.899***	0.001
	(-30.16)	(-30.82)	(-5.68)	(0.06)
Bsize	0.005***	0.005***	0.013	0.001
	(6.17)	(6.53)	(1.08)	(0.75)
Indep	-0.051**	-0.052***	0.199	-0.031
	(-2.53)	(-2.74)	(0.62)	(-0.72)
Dual	0.002	0.002	0.029	-0.011**
	(1.04)	(0.98)	(0.85)	(-2.40)
Constant	0.596***	0.520***	8.910***	0.114
	(12.25)	(11.34)	(11.57)	(1.09)
Firm	Yes	Yes	Yes	Yes
Year	Yes	Yes	Yes	Yes
Industry	Yes	Yes	Yes	Yes
Observations	20088	20088	20015	20015
R-squared	0.306	0.170	0.321	0.020

注：***、**、*分别代表1%、5%、10%的显著性水平，括号内报告为t值。

4.6.2 资本市场开放与高管货币薪酬增长

过快的高管薪酬增长带来的天价薪酬问题是我国高管货币薪酬

乱象的主要内容之一（杨德明和赵璨，2012）。基于委托代理理论，资本市场开放作为有效的外部治理机制应当能够抑制高管薪酬的快速增长，促进货币薪酬向合理水平回归。本章使用前三名高管货币薪酬增长率（ChangePay）作为被解释变量，检验资本市场开放对高管薪酬增长的影响，同时根据高管薪酬的年度排序，将样本公司划分为薪酬低组、薪酬中间组和薪酬高组，分组检验资本市场开放的影响差异，检验结果如表4-19所示。可知，资本市场开放能够抑制高管货币薪酬增长，而且这种抑制作用仅在薪酬高组存在，说明资本市场开放能够有效促进薪酬过高公司向合理水平调整。

表4-19　　资本市场开放与高管货币薪酬增长

	(1) 全样本 PayGrowth	(2) 薪酬低组 PayGrowth	(3) 薪酬中间组 PayGrowth	(4) 薪酬高组 PayGrowth
HSSC	-0.187***	0.025	0.000	-0.378**
	(-3.05)	(0.35)	(0.01)	(-2.46)
Size	0.048	-0.209***	-0.144***	0.368***
	(1.00)	(-3.57)	(-4.32)	(3.36)
Leverage	0.146	0.344	0.838***	0.306
	(0.74)	(1.45)	(6.33)	(0.67)
ROA	4.736***	5.773***	5.350***	6.985***
	(11.25)	(11.02)	(18.37)	(7.38)
Growth	0.561***	0.127***	0.203***	0.707***
	(13.67)	(2.60)	(6.31)	(8.05)
SOE	-0.089	0.219	-0.099	-0.235
	(-0.60)	(1.17)	(-0.99)	(-0.70)
Top1	0.343	0.011	0.407*	1.114
	(1.10)	(0.03)	(1.80)	(1.54)

续表

	(1)	(2)	(3)	(4)
	全样本	薪酬低组	薪酬中间组	薪酬高组
	PayGrowth	PayGrowth	PayGrowth	PayGrowth
Age	1.003***	0.421	0.645***	1.005
	(3.32)	(1.19)	(3.25)	(1.29)
Bsize	0.059**	0.015	-0.020	0.021
	(2.50)	(0.57)	(-1.26)	(0.37)
Indep	-0.032	0.009	-0.298	-0.203
	(-0.05)	(0.01)	(-0.74)	(-0.14)
Dual	0.110*	0.227***	-0.031	0.283*
	(1.73)	(2.97)	(-0.72)	(1.89)
Constant	-4.783***	1.669	1.397	-11.354***
	(-3.29)	(0.97)	(1.40)	(-3.24)
Firm	Yes	Yes	Yes	Yes
Year	Yes	Yes	Yes	Yes
Industry	Yes	Yes	Yes	Yes
Observations	19979	7300	7291	5388
R-squared	3182	0.054	0.205	0.155

注：***、**、*分别代表1%、5%、10%的显著性水平，括号内报告为t值。

4.6.3 管理者权力的调节效应

根据管理者权力理论，高管拥有过高且不受限制的权力是其通过操纵薪酬契约获取超额薪酬的重要前提。资本市场开放对高管超额薪酬的治理作用应当会受到管理者权力的影响。参考权小锋等（2010）和谢德仁等（2012）的做法，本书选择两职合一（Dual）和CEO兼任薪酬委员会委员（Topin）的哑变量作为管理者权力的衡量指标。在董事长与CEO两职合一的情况下，董事会对CEO施加的监督行为属于自我监督,难以形成有效约束。CEO兼任薪酬委员会委员意味着薪酬委员会独立性较低,CEO拥有干预自己薪酬契约制定的权力。管理者权力调节效应的检验结果如表4-20所示。可知,HSSC系数仅在非两职合一组(Dual=0)和非兼任薪酬委员会委员组(Topin=0)显著,表明互联互通交易制度对高管超额薪酬的治理需要较弱的管理者权力环境。可能的原因是互联互通制度引入的境外投资者是"价值投资者",缺乏参与公司治理的意愿与能力。该制度属于相对较弱的治理机制,只能在公司内部治理环境较好时发挥作用。

表4-20 管理者权力的调节效应

	(1)	(2)	(3)	(4)
	两职合一	非两职合一	CEO兼任薪酬委员会	CEO不兼任薪酬委员会
	Overpay	Overpay	Overpay	Overpay
HSSC	-0.006	-0.027***	-0.022	-0.026***
	(-0.37)	(-3.05)	(-1.25)	(-2.92)
Size	0.016	0.013*	0.025	0.017**
	(1.14)	(1.72)	(1.63)	(2.39)
Leverage	-0.109**	-0.025	-0.070	-0.041
	(-1.96)	(-0.84)	(-1.19)	(-1.38)
ROA	-0.418***	-0.099	-0.273**	-0.121*
	(-3.83)	(-1.55)	(-2.30)	(-1.94)
Growth	0.080***	0.043***	0.066***	0.052***
	(7.13)	(7.32)	(5.89)	(8.72)
SOE	0.020	-0.024	-0.026	-0.016
	(0.37)	(-1.10)	(-0.51)	(-0.71)
Top1	-0.080	-0.012	0.053	0.008
	(-0.75)	(-0.27)	(0.54)	(0.18)

续表

	(1)	(2)	(3)	(4)
	两职合一	非两职合一	CEO兼任薪酬委员会	CEO不兼任薪酬委员会
	Overpay	Overpay	Overpay	Overpay
Age	0.124	0.068	-0.046	0.098**
	(1.51)	(1.46)	(-0.53)	(2.16)
Bsize	0.013*	0.006*	0.018**	0.006*
	(1.70)	(1.89)	(2.38)	(1.82)
Indep	0.135	-0.061	-0.015	-0.018
	(0.77)	(-0.68)	(-0.08)	(-0.21)
Constant	-0.968**	-0.562**	-0.550	-0.780***
	(-2.29)	(-2.49)	(-1.24)	(-3.58)
Firm	Yes	Yes	Yes	Yes
Year	Yes	Yes	Yes	Yes
Industry	Yes	Yes	Yes	Yes
Observations	4995	15114	4641	15364
R-squared	0.036	0.009	0.023	0.011

注：***、**、*分别代表1%、5%、10%的显著性水平，括号内报告为t值。

4.7 本章小结

货币薪酬是现代公司治理中应用最广泛、时间最久远的高管薪酬激励制度，是公司治理的核心机制，对于缓解高管与股东的委托代理冲突，体现高管的人力资本价值具有重要作用。随着业绩型薪酬契约的应用，高管货币薪酬与公司业绩挂钩成为普遍共识，但是由其引发的薪酬辩护动机也会造成货币薪酬激励的失效。高管薪酬在静态上背离合理水平和在动态上背离与公司业绩的衔接成为当前薪酬乱象的主要内容。以股票市场交易自由化为主的资本市场开放政策是否能够对这两种乱象起到积极的治理作用？

本章聚焦于资本市场开放对高管超额薪酬和货币薪酬激励有效性的影响。研究发现：资本市场开放能够显著降低高管超额薪酬，提高薪酬业绩敏感性。这一结论在经过倾向得分匹配、安慰剂检验、替换衡量指标、更换研究样本、增加控制变量、平行趋势检验、考虑境外投资者实际进入与持股等稳健性检验后依然成立。影响机制检验中发现，资本市场开放对高管货币薪酬的治理作用存在股价信息反馈效应、信息环境改善、股东监督强化三条路径，资本市场开放有利于促进股价在高管薪酬契约中的指导作用，促进标的公司内外部信息环境的提高，加强股东对标的公司的监督力度，从而发挥积极的货币薪酬治理作用。进一步分析还发现，经由互联互通引入的境外投资者主要通过"用脚投票"的方式发挥治理作用，而非"用手投票"。资本市场开放有助于抑制高管薪酬的过快增长，尤其是薪酬水平本身较高公司的薪酬增长。管理者权力抑制了资本市场开放的正面作用。

第 5 章

资本市场开放对高管股权激励的影响

本章考察了资本市场开放对高管股权激励的影响,内容安排如下:第 1 节在相关文献的基础上阐明本章所要探究的核心问题,构建本章的研究框架;第 2 节依据相关理论分析提出本章的研究假设,推导出资本市场开放对高管股权激励的可能影响;第 3 节为研究设计部分,说明本章的样本选取、数据来源、模型设定与变量定义;第 4 节为实证结果与分析部分,包括样本的描述性统计、相关性分析、回归结果分析与稳健性检验;第 5 节分别从委托代理动机和人力资本动机两个方面对互联互通交易制度的影响机制进行检验;第 6 节从多个维度展开了进一步分析,对本章假设进行拓展性研究,以补充相关研究证据,丰富本章的研究结论。第 7 节为本章小结,归纳总结本章的研究结论与启示意义。

5.1 问题的提出

股权激励最早起源于美国,产生于 20 世纪 70 年代,并作为一种广泛认可的激励制度创新,得到迅速发展与推广。公司通过向高级管理人员发放股票期权、限制性股票,设定一定的业绩达成条件,让高管可以根据经营绩效获得公司股票,取得权益性薪酬,分享公司经营的剩余收益，从而达到将高管个人收益与所有者利益有机结合的目标，缓解委托代理问题。得益于制度安排上的合理性，股权激励迅速发展成为上市公司高管薪酬的重要组成部分，在美国主要跨国公司中一度占到高管薪酬比例的95%（吕长江等，2011）。

相比于国外发达资本市场股权激励应用较为普遍成熟的现状，我国上市公司应用股权激励经历了一段缓慢的发展阶段。以2005年的股权分置改革为分界点，2005年前我国上市公司高管持有公司股份，需要向上市公司专门提出申请，随后在获得地方政府和证监会的联合批准后，才可以依法持股。而高管持有的上市公司股份通常属于限售股，很难在二级市场自由流通，这就使高管股权激励无法及时兑现，限制了股权薪酬应用的激励作用。2005年，随着《关于上市公司股权分置改革试点有关问题的通知》的颁布与执行，股权分置改革基本消除了流通股与非流通股的制度差异，为上市公司的股权激励创造了制度条件。紧接着，证监会于2005年颁布的《上市公司股权激励计划管理办法（试行）》以及国务院国有资产监督管理委员会联合财政部于2006年颁布的《国有控股上市公司（境内）实施股权激励试行办法》，标志着我国上市公司股权激励制度初步建立，开始进入大规模应用阶段。2016年正式颁布的《上市公司股权激励计划管理办法》详细给出了股权激励计划的基本要素，为股权激励计划的落地提供了更强支持。国有企业方面，2019年国务院国有资产监督管理委员会发布的《关于进一步做好中央企业控股上市公司股权激励工作有关事项的通知》明确提出，积极支持中央企业控股上市公司针对核心骨干人才，建立健全长效激励约束机制，充分调动核心骨干人才的积极性，推动中央企业实现高质量发展。这一系列文件制度的颁布，代表着我国股权激励计划从无到有逐步发展成熟的里程碑。

虽然当前股权薪酬受到上市公司愈加广泛的重视，但是由于我国股权激励制度发展时间较短，很多制度还在探索阶段，公司治理还不甚成熟。部分公司存在高管或CEO"零薪酬"现象。这种零薪酬并不意味着高管完全放弃工作报酬。所谓失之东隅收之桑榆，零薪酬可能只是高管转移公众视线掩人耳目的做法，其损失通常可以通过股票期权弥补（Loureiro et al.，2011）。因此，关于股权薪酬是发挥了预期的激励作用，还是沦为一种福利制度安排，是当前我国学者研究的重点问题。

谢德仁和陈运森（2010）较早关注了业绩型经理人股权激励计划对股东财富的影响，发现股权激励计划可以为投资者带来正的财富效应。肖淑芳等（2013）关注了股权期权实施中的经理人盈余管理行为，发现经理人会通过真实经营活动盈余管理降低股票期权的行权难度，损害了股权激励方案的激励效果。梁上坤（2016）研究了股权激励强度与企业费用黏性的关系，发现股权激励会降低费用黏性，验证了股权激励的正面价值。

姜英兵和于雅萍（2017）从企业创新的角度，对比检验了高管与核心员工股权激励在企业创新中的作用，发现核心员工作为企业创新更直接的参与者与执行者，对其实施的股权激励比高管的股权激励更能够促进企业创新。该研究回答了股权激励对象的激励效果差异问题。陈华东（2016）验证了高管股权激励对企业创新激励的有效性。田轩和孟清扬（2018）、刘宝华和王雷（2018）关注了股权激励计划在企业创新中的作用。陈效东等（2016）探究了高管股权激励对企业非效率投资的影响，发现激励型股权激励可以有效抑制企业非效率投资，而非激励型股权激励则会加剧非效率投资。

根据第4章的研究可知，资本市场开放显著抑制了高管超额货币薪酬，提高了货币薪酬激励的有效性，约束了高管在货币薪酬契约中的机会主义行为。那么，随着我国股权激励制度的逐步完善，互联互通交易制度放开带来的外部投资者以及吸收借鉴的外部资本市场的公司治理经验，是否会影响标的公司在高管股权激励方面的选择倾向？这是本章所要回答的主要问题。

5.2 理论分析与研究假设

从股权激励的实施动机来看,上市公司向高管提供股权激励的动机主要包括委托代理动机、人力资本动机和赎买动机。委托代理动机源自现代企业经营权与所有权的分离,造成的企业的实际经营者即高管的个人利益与企业所有者股东的利益出现分歧,两者的信息不对称会加剧这种委托代理冲突。在不施加任何干预措施的情况下,会造成经理人市场劣币驱逐良币的逆向选择问题,以及高管利用权力牟取个人私利的道德风险问题。与货币薪酬契约相同,股权薪酬也是一种缓解委托代理冲突的重要方式。股权薪酬缓解代理冲突的机制包括两种形式,一种是股权薪酬给予了高管一定的公司股份,高管的身份从单纯的受托经营管理者转向了企业所有者,这种身份的转变能够帮助高管获得更多信任与授权,降低股东的监督成本,有利于激发高管的主人翁意识。另一种是股权薪酬通过剩余索取权的部分让渡,实现了股东利益与高管利益的统一,高管为了个人收益最大化的目标,也需要努力工作实现更好的经营成果。

根据最优契约理论,能够实现高管与股东目标兼容的薪酬契约即为有效的薪酬契约(Jensen and Merkling, 1976; Jensen and Murphy, 1990)。在这一理论的指导下,上市公司在实践中更倾向于将高管个人收益与企业业绩密切关联起来,即实施业绩型薪酬契约。辛清泉等(2007)的研究验证了业绩型薪酬契约的有效性。相比于货币薪酬,股权薪酬属于长期激励薪酬,其兑现期在未来,通常承载了更多风险,属于收益高度不确定的激励方式。股权薪酬价值的高低与企业经营绩效的关联性更加紧密,尤其是在股权激励计划规定了行权条件的情况下,只有满足一定的业绩条件,股票期权才能兑现形成高管事实上的个人财富。正是因为股权薪酬的长期性、高风险性、高业绩关联性的特点，理论上股权薪酬应当比货币薪酬对高管的激励与约束作用更大，更有利于缓解高管与股东之间的代理冲突。

人力资本动机是从企业人力资本投入与保留的角度，解释股权激励实施的必要性。Schultz（1961）最早在对资本的研究中提出，资本有两种主要形式：一种是能够创造利润的物质资本，比如生产活动中必要的厂房、设备、机器等；另一种是依附于人存在的知识、技能、智慧、能力等的人力资本。相比于物质资本，人力资本并不能独立存在，而是以人为载体，需要在长期的学习工作中逐渐积累。高管作为职业的经营管理者，其人力资本包括长期实践形成的专业知识、经营管理经验、机会识别能力、风险控制能力、社会关系资源等，这些都是企业经营成功不可或缺的要素。同时，由于行业地域以及经营环境的差异，高管的人力资本具有一定的稀缺性和专用性，不可替代性较强。这就使企业一旦失去经验丰富能力较强的高管，会蒙受比较大的损失。因此，企业有动机吸引和留住优秀管理者，避免人才流失。

根据现代企业制度安排，剩余索取权归属于资金的提供者，即物质资本的提供方。然而，根据马克思的理论，剩余价值的创造依赖于劳动，即人力资本在企业价值创造中占据核心地位，其创造的价值远非其他物质资本所能比拟。企业向高管让渡部分剩余索取权，不仅有利于吸引和留住人才，还有利于满足价值创造者的利益诉求，使得高管拥有主人翁意识与心态，激励其相互监督与合作（陈效东，2015），为企业持续投入人力资本建设创造良好环境（陈文强，2017）。

相比于委托代理动机和人力资本动机，赎买动机的出发点显得相对负面。其并不是出于为企业创造价值，而是出于大股东个人私利最大化的目的。大股东赎买理论认为，在股权集中度较高、两权分离度较大的企业里，拥有较高话语权的大股东有利用关联交易、资金占用等隧道行为掏空公司的动机。而这种掏空行为的成功实施需要熟悉企业经营情况的内部人的配合（潘泽清和张维，2004；蒋弘和刘星，2012）。这种情况下，高管作为内部人被大股东赎买的概率比较高。股权激励是大股东赎买的一种常见工具（陈仕华和李维安，2012），其优点是制度上完全合法，与其他激励方式相比，激励额度更大，对高管的利益输送作用更大。陈仕华和李维安（2012）的研究验证了大股东隧道行为对股票期权激励有效性的损害作用。

现有研究多关注股权激励的经济后果，对于企业实施股权激励的动机与影响因素研究相对有限。以互联互通交易制度为代表的资本市场开放政策旨在通过促进资本的跨市场流动，加强内地资本市场与外部资本市场的互联互通。这种互联互通不仅体现在资本的跨境流动，还体现在信息、知识与公司治理经验的交流。庄明明和梁权熙（2021）的研究认为，境外机构投资者的引入有利于优化公司治理，缓解委托代理冲突，提高企业的投资效率，而且这种正向作用主要来自大额持股的境外机构投资者和来自海洋法系以及治理水平更高的境外机构投资者。国内外学者的研究也基本验证了境外机构投资者的积极治理作用，包括制约大股东保护中心股东利益（Khanna and Palepe，1999）、抑制盈余管理（Lel，2019）、选择更高质量的审计师（Kim et al.，2019）等。

一方面是因为，相比于东道国，来自发达资本市场的境外投资者拥有更加丰富的投资决策经验，在投资和公司治理方面表现的更优秀（Seasholes，2000）。尤其是我国内地属于大陆法系，香港实行的是海洋法系，海洋法系国家对产权保护较为重视，政府干预较少，公司治理机制发展历史悠久，机制相对完善（Aggarwal et al.，2011）。这种情况下，通过互联互通引入来自海洋法系的境外投资者，能够为内地市场带来新的投资理念与治理经验；另一方面是因为，相比于境内投资者，境外投资者与内地资本市场的关联较弱，独立性更强。境外投资者在投资决策时更多依据企业经营状况与发展前景做出专业判断，而非小道消息或政策信号的炒作，有利于促进公司治理水平的提高（Gillan and Stark，2003）。因此综合来看，资本市场开放有利于缓解企业的委托代理冲突,抑制大股东赎买行为,同时也有利于通过引入先进的治理经验,促使内地上市公司的高管激励策略与香港上市公司趋同,提高上市公司对人力资本投资的重视程度,促进高管股权激励的实施。基于此,本书提出如下假设:

假设 5.1:互联互通交易制度的实施有利于提高高管股权激励强度。

5.3 研究设计

5.3.1 样本选取与数据来源

本章使用与第 4 章同样的样本,样本区间为 2010—2019 年,样本对象为我国沪深两市 A 股上市公司。样本筛选流程为:(1)剔除金融行业上市公司;(2)剔除 ST、ST*、PT 等被特别处理公司;(3)剔除财务异常(资产负债率>1)的上市公司;(4)剔除变量缺失的上市公司。为了消除异常值的影响,对所有连续变量进行 1% 水平的缩尾处理。经上述处理后,共计得到 22716 个观测值。所有数据均来自 CSMAR 数据库,使用 Stata 和 Excel 软件完成数据整理与分析。

5.3.2 模型设定与变量定义

在开展实证研究之前,本章首先需要厘清高管股权激励的衡量方法,选择恰当的衡量指标。关于股权激励水平或者激励强度,国内外学者使用的指标有所差异。最早使用的是单位公司权益价值增加带来的高管股票期权组合价值增加的幅度来表示,比如企业权益价值提高 1000 美元或者股票价格上涨 1% 高管股票期权组合收益的增加额(Jensen and Murphy,1990;Guay,1990)。Bergstresser 和 Philippon(2006)使用的高管股权激励强度指标,首先计算股价上涨 1% 对各个持有的股权和期权价值的增加值,然后用该增加值除以增加值与高管货币薪酬津贴的总和,以此计算股价提高1%时高管股权激励收益占高管总薪酬的比重,将其作为高管股权激励强度的衡量指标。但是国内学者肖淑芳等(2013)认为,该衡量指标需要资本市场相对成熟、信息披露充分、股价对公司价值的反应相对理性等条件,而我国资本市场整体还处于弱市有效,对公司价值的反应不够理性,因此并不适用于我国上市公司高管股权激励的衡量。

国内学者使用较多的是高管持股比例来衡量高管股权激励,该指标的好处是信息披露较为完整,不同公司间的指标可比性较高,使用简单便捷。缺点是未能准确反映公司股权激励收益与公司价值或股价的关联性。还有部分学者使用公司是否实施股权激励计划以及股权激励份额来衡量高管股权激励强度。其优势是衡量对象较为清晰,在我国上市公司日渐重视员工持股计划这一激励方式的背景下,可以清楚地检验高管股权激励计划的经济后果。但是该指标在使用过程中却面临一系列难题。

股权激励计划的特点是一次授予,设定有考核期、行权或解锁条件,在考核期内达到考核目标才能解锁或行权。这样造成股权激励计划的计量相对较为复杂困难,因为被授予对象不仅需要关心当期可行权部分的股权激励带来的收益,还会关注后续分批可行权的股权激励的潜在收益。考虑到考核期被激励对象可以部分行权,使期末尚未行权和有效的股票期权数量发生变化,部分学者使用的是当期新增股权激励份额占总股本的比例衡量股权激励强度,而非累计授予的股权激励数量(姜英兵和于雅萍,2017;赵息和林德林,2019)。这种激励计划与行权的复杂性使该指标的使用较为困难,难以准确衡量股权激励数量。

上市公司发布的员工持股计划包括针对核心员工和高管两部分,即使区分出针对高管的股权激励份额,也很难从公开数据中找出与之相匹配的高管货币薪酬金额,不利于后续计算高管薪酬结构。由于股权激励计划是一次性授予的,相比于高管持股数量,在数据分布上可能呈现非连续性,如果使用股权激励计划数据,可能会造成高管薪酬结构计量存在较大误差。因此,综合考虑数据的可获得性、准确性以及薪酬结构指标的计算,本书使用常见的高管持股数量占总股本的比重作为高管股权激励的衡量指标(Mshare)。

在被解释变量衡量指标选中的基础上,本书设计如下双重差分模型检验资本市场开放对高管股权激励的影响:

$$Mshare_{i,t} = \beta_0 + \beta_1 HSSC_{i,t} + \eta Controls_{i,t} + \sum Firm + \sum Year + \sum Industry + \varepsilon \tag{5-1}$$

模型(5-1)的被解释变量 Mshare 为高管股权激励的衡量指标,计算方法为高管持股数量除以总股数,使用百分比指标。模型中的解释变量 HSSC 为互联互通标的公司的虚拟变量,如果上市公司为沪港通或深港通标的股票且处于政策实施年份后,则取值为1,否则取值为0。Controls 代表一系列影响高管股权激励的控制变量。

本章所使用的全部变量的定义如表5-1所示。

表5-1 变量定义表

变量名称	变量符号	变量定义
高管股权激励	Mshare	100×高管持股数量/总股数
资本市场开放	HSSC	上市公司为沪港通或深港通标的股票且处于政策实施年份后,赋值为1,其他情况赋值为0
公司规模	Size	Ln(年末总资产)
财务杠杆率	Leverage	年末总负债/年末总资产
总资产收益率	ROA	本年净利润/年末总资产
成长性	Growth	(本年销售收入-上年销售收入)/上年销售收入
产权性质	SOE	公司属于国有控股企业时赋值为1,其他情况赋值为0
股权集中度	Top1	排名第一的大股东持股数量/公司总股数
公司年龄	Age	Ln(观测年份-公司成立年份+1)
董事会规模	Bsize	董事会成员人数
独立董事占比	Indep	独立董事人数/董事会成员人数

续表

变量名称	变量符号	变量定义
两职合一	Dual	董事长与总经理两个职位由同一人兼任时赋值为1,其他情况赋值为0
公司固定效应	Firm	公司哑变量
年度固定效应	Year	年度哑变量
行业固定效应	Industry	行业哑变量

5.4 实证结果与分析

5.4.1 描述性统计

本章使用的除公司、年度及行业虚拟变量外的所有变量的描述性统计结果列示在表5-2中。整体上看,虽然部分变量存在缺失值和异常值,但是经过删除与缩尾处理后,样本数量并未发生较大变化,变量的统计结果处于合理范围内。

表5-2 主要变量的描述性统计

变量	观测值	均值	标准差	最小值	中位数	最大值
Mshare	22716	7.031	13.766	0.000	0.078	60.192
HSSC	22716	0.185	0.389	0.000	0.000	1.000
Size	22716	22.145	1.295	19.575	21.972	27.149
Leverage	22716	0.429	0.209	0.048	0.422	0.929
ROA	22716	0.043	0.059	-0.202	0.039	0.222
Growth	22716	0.198	0.467	-0.542	0.116	3.196
SOE	22716	0.377	0.485	0.000	0.000	1.000
Top1	22716	0.346	0.148	0.088	0.327	0.743
Age	22716	2.818	0.367	0.693	2.890	3.970
Bsize	22716	8.632	1.703	5.000	9.000	15.000
Indep	22716	0.374	0.053	0.333	0.333	0.571
Dual	22716	0.264	0.441	0.000	0.000	1.000

由表5-2可知，样本上市公司高管股权激励的均值为7.031，即高管平均持股比例为7.031%。最大值为60.0192，最小值为0，标准差为13.766，说明上市公司高管股权激励相对分散，不同公司的差异较大，部分公司的股权激励比例较低。互联互通交易制度影响的虚拟变量HSSC的均值为0.185，表明有18.5%的样本公司受到了互联互通交易制度实施的外生冲击。

其他控制变量方面，均值与中位数相近，数据基本呈正态分布的有公司规模Size、财务杠杆率Leverage、总资产收益率ROA、股权集中度Top1、公司年龄Age。样本公司平均财务杠杆率在42.9%，平均总资产收益率为4.3%，半数以上的样本公司成长性大于11.6%，近37.7%的样本公司为国有企业性质，第一大股东持股比例的均值为34.6%，相比于西方我国上市公司股权集中度相对较高。样本公司的平均上市年龄约为16年［exp（2.818）-1］。其他公司治理变量中，董事会规模Bsize平均人数为8.632，中位数为9人，独立董事占比Indep的中位数为0.333，说明半数样本公司达到了独立董事占董事会总人数1/3的标准。两职合一Dual的均值为0.264，说明26.4%的样本公司存在总经理与董事长由同一人兼任的情况。

5.4.2 相关性分析

在样本回归之前，先对各变量进行Pearson相关性检验。表5-3报告了本章主要变量的相关性分析结果。可知，资本市场开放与高管股权激励显著正相关，与研究假设相符。相关性检验与研究假设基本一致，具体的因果关系有待多元回归验证。资本市场开放与其他控制变量之间的相关系数小于0.5，说明检验模型不存在严重的多重共线性。后文将通过多元回归进一步检验资本市场开放与高管股权激励之间的关系。

表 5-3　主要变量的相关性分析

	Mshare	HSSC	Size	Leverage	ROA	Growth	SOE	Top1	Age	Bsize	Indep
HSSC	0.08***	1									
Size	-0.28***	0.41***	1								
Leverage	-0.28***	0.07***	0.51***	1							
ROA	0.14***	0.05***	-0.02***	-0.35***	1						
Growth	0.04***	-0.03***	0.03***	0.05***	0.23***	1					
SOE	-0.38***	0.04***	0.34***	0.31***	-0.11***	-0.06***	1				
Top1	-0.05***	0.02***	0.21***	0.06**	0.11***	0.00	0.22***	1			
Age	-0.20***	0.20***	0.16***	0.19***	-0.09***	-0.04***	0.19***	-0.10***	1		
Bsize	-0.17***	0.05***	0.28***	0.17***	-0.00	-0.02***	0.29***	0.03***	0.04***	1	
Indep	0.10***	0.01**	0.01	-0.01**	-0.01**	0.00	-0.07***	0.04***	-0.32***	-0.48***	1
Dual	0.48***	-0.03***	-0.17***	-0.14***	0.05**	0.02**	-0.30***	-0.05***	-0.09***	-0.19***	0.12***

注：***、**、* 分别代表 1%、5%、10% 的显著性水平。

5.4.3 回归结果分析

模型(5-1)资本市场开放与高管股权激励的检验结果如表5-4所示。列(1)为不控制除年度、行业、公司固定效应外的控制变量后的检验结果,列(2)为全部控制之后的检验结果。可知,无论是否控制相关控制变量,资本市场开放HSSC对高管股权激励的回归系数均在1%水平上显著为正,说明互联互通交易制度的实施通过引入境外投资者参与公司治理,学习借鉴了香港资本市场的高管激励机制,在降低高管超额货币薪酬的同时,提高了股权激励的强度。相比于未受互联互通交易制度影响的上市公司,受影响的样本公司发放了更多的高管股票期权奖励。假设5.1得到验证。

表5-4 资本市场开放与高管股权激励

	(1)	(2)
	Mshare	Mshare
HSSC	0.517***	0.614***
	(3.45)	(4.29)
Size		-0.192*
		(-1.74)
Leverage		-2.198***
		(-4.90)
ROA		5.797***
		(5.96)
Growth		0.124
		(1.31)
SOE		-1.081***
		(-3.09)
Top1		4.348***
		(6.00)

续表

	(1) Mshare	(2) Mshare
Age		-11.216***
		(-18.51)
Bsize		0.189***
		(3.44)
Indep		3.406**
		(2.41)
Dual		6.507***
		(44.36)
Constant	3.373***	37.533***
	(5.01)	(11.84)
Firm	Yes	Yes
Year	Yes	Yes
Industry	Yes	Yes
Observations	22716	22716
R-squared	0.044	0.164

注：***、**、* 分别代表1%、5%、10%的显著性水平，括号内报告为t值。

控制变量的回归结果显示，公司规模与高管股权激励在10%水平上负相关，说明规模越小的企业给予高管的股权激励越多，这个现象符合公司初创期或成长期给予更多延迟收益加强高管激励的一般规律。财务杠杆率与高管股权激励显著负相关，说明杠杆率越高的公司面临的债权人监督力度越大，给予高管过多的股权薪酬会损害债权人利益，因此债权人监督越强的公司高管股权激励越低。总资产收益率与高管股权激励显著正相关，说明盈利能力的提高与高管股权激励显著正相关联，符合一般规律。产权性质与高管股权激励显著负相关，说明相比于非国有企业，国有企业发放了更少的高管股权激励。可能的原因在于我国国有企业高管薪酬受到严格限制，股权激励涉及国有股权分散问题，虽然在近年混合所有制改革实践中得到一定重视，但是因其问题的敏感性仍然保持较低比例。股权集中度与高管股权激励显著正相关，可能是因为股权集中度较高的企业推行高管股权激励计划更容易，执行效率更高。公司年龄与高管股权激励显著负相关，说明相比于年轻初创公司，步入成熟期的公司实施高强度股权激励的意愿更低。董事会规模与高管股权激励显著正相关，说明董事会规模更大的公司倾向于给予更多的高管股权激励。独立董事占比与高管股权激励显著正相关，说明公司治理机制更优的企业给予了高管更高的股权激励。两职合一对高管股权激励显著正向影响，说明高管权力越大，高管利用股权激励牟求个人利益的概率越高。

5.4.4 稳健性检验

为了增强研究结论的可靠性，缓解内生性因素对结论的干扰，本书进行了以下稳健性检验：

（1）倾向得分匹配—双重差分检验

考虑到互联互通标的股票的选取并不是完全随机的或者外生的，而是人为选择的结果，标的公司与未被纳入名单的公司可能存在一定的固有差异，比如公司规模、盈利能力、成长性和股票流通情况等，使用全样本进行的检验可能面临着样本选择偏误问题。为了排除样本固有差异的干扰，本书采取倾向得分匹配法（PSM）、选取公司规模（Size）、总资产收益率（ROA）、市账比（MB）、股票换手率（Turnover）、流通市值占比（Cmv）、股利支付率（Dividend）、营业收入波动率（SDsale）以及年度行业等控制变量作为匹配的参考变量，按照最邻近无放回的配对方法，卡尺范围设定为 0.01，对互联互通标的公司进行匹配。经 PSM 配对后样本处理组与控制组的均值差异检验结果如表 5-5 所示。可知，处理组与控制组在公司规模、总资产收益率、市账比、股票换手率、流通市值占比、股利支付率、营业收入波动率等方面已经不存在显著差异,说明PSM处理基本剔除了处理组与控制组在影响是否被纳入互联互通交易名单方面的个体因素。

表5-5　倾向得分匹配后处理组与控制组的均值差异

解释变量	Treated	Control	T值	P值
Size	21.924	21.934	-0.480	0.630
ROA	0.046	0.047	-1.440	0.150
MB	1.988	1.984	0.100	0.922
Turnover	5.138	5.095	0.500	0.615
Cmv	0.787	0.789	-0.400	0.692
Dividend	0.285	0.279	0.820	0.411
SDsale	0.313	0.315	-0.370	0.708

使用PSM匹配后的样本,对模型(5-1)进行重新检验,回归结果如表5-6所示。可知,资本市场开放对高管股权激励在5%水平上存在显著的正向影响。经倾向得分匹配后的回归结果与原始样本一致,说明资本市场开放有利于提高高管股权激励,在控制样本选择偏误后,资本市场开放与高管股权激励之间的因果关系依然成立。

表5-6　资本市场开放与高管股权激励:倾向得分匹配

	Mshare
HSSC	0.315**
	(2.21)
Size	0.098
	(0.46)
Leverage	-0.205
	(-0.26)

续表

	Mshare
ROA	8.859***
	(3.14)
Growth	0.218
	(1.37)
SOE	-0.862
	(-1.43)
Top1	3.338***
	(2.62)
Age	-12.755***
	(-10.69)
Bsize	0.401***
	(3.92)
Indep	8.742***
	(3.45)
Dual	5.932***
	(23.22)
Constant	31.742***
	(5.32)
Firm	Yes
Year	Yes
Industry	Yes
Observations	7810
R-squared	0.156

注：***、**、* 分别代表1%、5%、10%的显著性水平，括号内报告为t值。

(2) 安慰剂检验

由于本书样本区间较长，期间发生的其他政策或者随机性因素可能会导致高管股权激励存在固有差异，使得本书结论并非由互联互通交易制度的开通引起,而是其他因素的影响结果。为了排除这种"隐形偏误"的影响,本书将互联互通交易制度的实施时间向前平推3—4年,通过虚构政策时间进行安慰剂检验。安慰剂检验结果如表5-7所示。可知,列(1)(2)虚构后的资本市场开放变量的回归系数并不显著,说明本章结论不受"隐形偏误"的影响,样本区间发生的其他政策或者随机性因素并不影响资本市场开放与高管股权激励的关系。

表5-7　　资本市场开放与高管股权激励:安慰剂检验

	(1)	(2)
	向前平推3年	向前平推4年
	Mshare	Mshare
HSSC	0.144	-0.158
	(0.88)	(-0.87)
Size	-0.129	-0.086
	(-1.15)	(-0.77)
Leverage	-2.270***	-2.282***
	(-5.06)	(-5.09)
ROA	5.729***	5.746***
	(5.89)	(5.90)
Growth	0.093	0.088
	(1.00)	(0.94)
SOE	-1.052***	-1.041***
	(-3.00)	(-2.97)
Top1	4.393***	4.380***
	(6.06)	(6.04)
Age	-11.237***	-11.193***
	(-18.53)	(-18.44)
Bsize	0.188***	0.188***
	(3.41)	(3.40)

续表

	（1）	（2）
	向前平推 3 年	向前平推 4 年
	Mshare	Mshare
Indep	3.379**	3.339**
	(2.39)	(2.36)
Dual	6.507***	6.508***
	(44.34)	(44.34)
Constant	36.368***	35.443***
	(11.38)	(11.12)
Firm	Yes	Yes
Year	Yes	Yes
Industry	Yes	Yes
Observations	22716	22716
R-squared	0.163	0.163

注：***、**、*分别代表 1%、5%、10% 的显著性水平，括号内报告为 t 值。

（3）替换高管股权激励的衡量指标

为了控制可能的指标衡量偏误，分别使用总经理持股比例（CEOshare）和总经理的股权激励强度（CEOincentive）作为高管股权激励的替代指标。尽管肖淑芳等（2013）指出 Bergstresser 和 Philippon（2006）设计的高管股权激励强度指标在我国资本市场的适应性不强，但是该指标可以很好地衡量出股价单位变动给高管带来的股权收益。本章进一步使用 Bergstresser 和 Philippon（2006）的高管股权激励强度指标作为替代性变量。该指标的计算公式如下：

$$Incentive_{i,t} = \frac{0.01 \times Price_{i,t} \times (Shares_{i,t} + Options_{i,t})}{0.01 \times Price_{i,t} \times (Shares_{i,t} + Options_{i,t}) + Salary_{i,t} + Bonus_{i,t}}$$

其中，$Price_{i,t}$ 为 t 年末股票的收盘价，$Share_{i,t}$ 和 $Options_{i,t}$ 代表

高管 t 期持有的股票和期权数量，$Salary_{i,t}$ 和 $Bonus_{i,t}$ 代表高管 t 期获得的货币薪酬与津贴。考虑到数据的可获得性，本章使用 CEO 的股权激励强度指标进行稳健性检验。替换衡量指标后的回归结果如表 5-8 所示。可知，在使用 CEO 持股比例和 CEO 股权激励强度作为替代变量后，资本市场开放对高管股权激励的回归结果保持稳健，说明本章结论不受高管股权激励指标衡量偏误的影响。

表 5-8　资本市场开放与高管股权激励：替换衡量指标

	(1)	(2)
	CEOshare	CEOincentive
HSSC	0.397***	0.029***
	(3.30)	(4.51)
Size	-0.123	0.062***
	(-1.33)	(12.65)
Leverage	-1.146***	-0.033*
	(-3.03)	(-1.65)
ROA	3.009***	0.281***
	(3.67)	(6.51)
Growth	0.126	-0.006
	(1.59)	(-1.44)
SOE	-0.673**	-0.050***
	(-2.27)	(-3.21)
Top1	5.052***	-0.155***
	(8.23)	(-4.83)
Age	-7.153***	-0.165***
	(-14.05)	(-6.18)
Bsize	0.163***	0.008***
	(3.52)	(3.39)
Indep	2.697**	0.070
	(2.27)	(1.11)

续表

	(1) CEOshare	(2) CEOincentive
Dual	7.653***	0.124***
	(61.98)	(19.02)
Constant	22.127***	-0.590***
	(8.29)	(-4.21)
Firm	Yes	Yes
Year	Yes	Yes
Industry	Yes	Yes
Observations	22394	22234
R-squared	0.212	0.046

注：***、**、*分别代表1%、5%、10%的显著性水平，括号内报告为t值。

(4) 更换研究样本

除了互联互通交易通道外，境外投资者还可能通过其他资本市场开放方式进入A股上市公司。相比于仅在A股上市的公司，互联互通对同时在境外资本市场上市的A股公司的影响程度可能较低。为了避免B股或H股样本对研究结论的干扰，本章剔除已发行B股或H股样本进行重新检验。根据参与互联互通上市公司所在证券交易所的不同，互联互通可以分为沪港通和深港通两种类型，两者的正式实施时间分别为2014年和2016年。本章分别使用沪港通和深港通样本，对应控制组分别为沪市上市公司和深市上市公司，对假设进行重新检验。更换研究样本的检验结果如表5-9所示。列(1)为剔除B股和H股后的回归结果，列(2)(3)为单独使用沪港通和深港通的回归结果。可知，使用处理后的研究样本，本章研究结果依然存在。

表 5-9　　资本市场开放与高管股权激励：更换研究样本

	(1) 剔除 BH 股样本 Mshare	(2) 沪港通样本 Mshare	(3) 深港通样本 Mshare
HSSC	0.579***	1.051***	0.593***
	(3.80)	(5.80)	(2.68)
Size	0.231**	0.419***	-0.243*
	(-1.98)	(3.15)	(-1.70)
Leverage	-2.322***	-0.915*	-2.251***
	(-4.90)	(-1.78)	(-3.96)
ROA	5.821***	3.644***	6.222***
	(5.69)	(3.16)	(5.13)
Growth	0.124	0.035	0.112
	(1.25)	(0.34)	(0.91)
SOE	-1.112***	-0.686	-0.957**
	(-3.00)	(-1.63)	(-2.19)
Top1	4.302***	5.380***	5.610***
	(5.66)	(6.20)	(5.84)
Age	-11.260***	-10.363***	-11.251***
	(-17.61)	(-13.53)	(-14.82)
Bsize	0.217***	0.092	0.272***
	(3.67)	(1.53)	(3.56)
Indep	4.167***	-0.439	6.205***
	(2.75)	(-0.28)	(3.27)
Dual	6.797***	4.845***	7.623***
	(44.25)	(28.42)	(41.32)
Constant	38.085***	23.741***	35.993***
	(11.42)	(5.97)	(8.92)
Firm	Yes	Yes	Yes
Year	Yes	Yes	Yes
Industry	Yes	Yes	Yes
Observations	21416	13576	16875
R-squared	0.170	0.127	0.190

注：***、**、*分别代表1％、5％、10％的显著性水平，括号内报告为t值。

第5章 资本市场开放对高管股权激励的影响

（5）增加控制变量

货币薪酬和在职消费也是高管薪酬的重要构成部分，会影响上市公司对股权薪酬的选择。除此之外，地区经济环境、地区失业情况和员工规模也会对高管股权薪酬产生影响。为了控制其他激励方式以及其他相关因素对高管股权激励的影响，本章首先在模型中加入货币薪酬和在职消费指标，货币薪酬使用高管货币薪酬的自然对数（Lnsalary），在职消费使用财务报表附注中"其他与经营活动有关的现金流"表中"办公费、会议费、董事会费、差旅费、业务招待费、通信费、出国培训费、小车费"八项费用加总后的自然对数（Lnperk）。其他影响因素借鉴蔡贵龙等（2018）的研究，使用员工总数（Employee）、地区失业率（Unemprate）和地区人均GDP水平（PerGDP）指标进行重新检验，以缓解遗漏变量对研究结论的干扰。增加控制变量后的检验结果如表5-10所示。可知，模型中增加控制变量后，结果依然保持稳健。

表5-10 资本市场开放与高管股权激励：增加控制变量

	(1)	(2)
	控制其他薪酬	控制其他相关因素
	Mshare	Mshare
HSSC	0.628***	0.639***
	(4.39)	(4.46)
Size	-0.376***	-0.262**
	(-3.30)	(-2.30)
Leverage	-2.090***	-2.096***
	(-4.66)	(-4.66)
ROA	5.269***	5.659***
	(5.40)	(5.81)
Growth	0.142	0.122
	(1.51)	(1.30)

续表

	(1) 控制其他薪酬 Mshare	(2) 控制其他相关因素 Mshare
SOE	-1.064***	-1.056***
	(-3.04)	(-3.01)
Top1	4.454***	4.287***
	(6.15)	(5.91)
Age	-11.073***	-11.182***
	(-18.28)	(-18.45)
Bsize	0.171***	0.190***
	(3.11)	(3.44)
Indep	3.319**	3.369**
	(2.35)	(2.38)
Dual	6.481***	6.530***
	(44.19)	(44.49)
Lnsalary	0.614***	
	(6.18)	
Lnperk	-0.006	
	(-0.53)	
Employee		-0.287**
		(-2.54)
Unemprate		-0.490***
		(-2.60)
PerGDP		-1.789**
		(-2.47)
Constant	32.037***	60.874***
	(9.73)	(6.83)
Firm	Yes	Yes
Year	Yes	Yes
Industry	Yes	Yes
Observations	22716	22704
R-squared	0.165	0.165

注：***、**、*分别代表1%、5%、10%的显著性水平，括号内报告为 t 值。

(6) 平行趋势检验

双重差分检验的一个重要前提是数据满足平行趋势假设，即互联互通交易制度实施前，互联互通标的公司与非标的公司的高管股权激励应当不存在显著差异。本书按照互联互通政策冲击的发生时点设置实施前（后）各三年变量。before1-3（after1-3）分别代表互联互通交易至实施前（后）1—3年的哑变量，current为政策实施当年的哑变量，检验结果如图5-1所示。可知，互联互通制度实施前实验组公司与控制组公司的高管股权激励不存在显著差异，实施后标的公司高管股权激励显著提高，表明本章样本满足平行趋势假设。

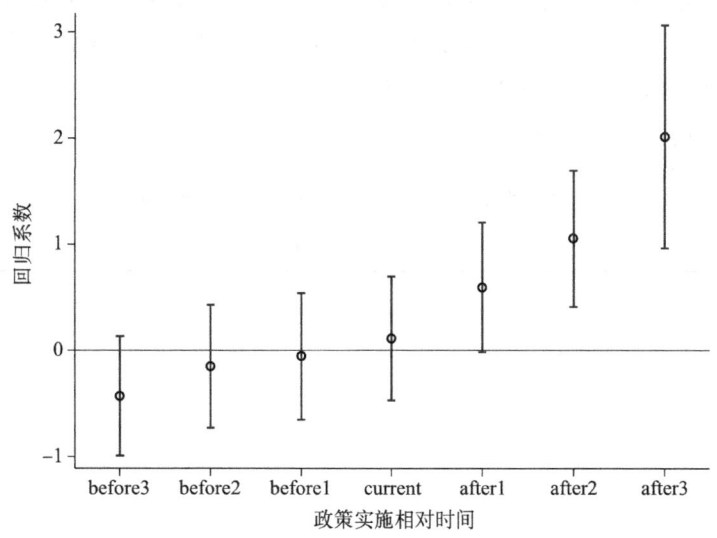

图5-1 高管股权激励的平行趋势检验

(7) 考虑境外投资者实际进入与持股

本章对资本市场开放与高管股权激励的影响研究仅从公司是否加入互联互通标的名单视角展开，然而公司处于互联互通标的名单并不等同于境外投资者实际进入并持有标的公司股票。境外投资者是否持股直接影响互联互通交易制度对高管薪酬激励的作用路径。当境外投资者实际进入并持有互联互通标的公司股票时，境外投资者才有可能通过"用手投票"的方式参与公司治理，影响高管薪酬激励方式的选择。当上市公司位于互联互通标的名单但是境外投资者无实际进入时，互联互通只能通过提高外部监督压力以及公司对境外投资者的迎合动机，对高管股权激励产生影响。为了更加准确地衡量出经由互联互通交易制度进入标的上市公司的境外投资者对高管股权激励的影响效果，本章借鉴孙泽宇和齐保垒（2021）的做法，设置公司进入互联互通交易名单且境外投资者实际进入的虚拟变量（Fordum）以及公司进入互联互通交易名单且境外投资者实际持股比例的连续变量（Forhold），将新设置的两个变量放入模型（5-1）中，回归结果如表5-11所示。结果显示，考虑境外投资者实际进入与持股后，资本市场开放依然有利于提高高管股权激励强度，本章结论保持不变。

表 5-11　资本市场开放与高管股权激励：考虑境外投资者实际进入与持股

	(1)	(2)
	Mshare	Mshare
Fordum	0.852***	
	(4.40)	
Forhold		2.492**
		(2.42)
Size	-0.144	-0.110
	(-1.33)	(-1.01)
Leverage	-2.278***	-2.295***
	(-5.08)	(-5.12)
ROA	5.632***	5.691***
	(5.79)	(5.85)

续表

	(1)	(2)
	Mshare	Mshare
Growth	0.106	0.093
	(1.13)	(0.99)
SOE	-1.059***	-1.045***
	(-3.02)	(-2.98)
Top1	4.355***	4.356***
	(6.01)	(6.01)
Age	-11.271***	-11.229***
	(-18.60)	(-18.53)
Bsize	0.188***	0.188***
	(3.41)	(3.41)
Indep	3.258**	3.325**
	(2.30)	(2.35)
Dual	6.509***	6.509***
	(44.37)	(44.36)
Constant	36.772***	35.969***
	(11.67)	(11.43)
Firm	Yes	Yes
Year	Yes	Yes
Industry	Yes	Yes
Observations	22716	22716
R-squared	0.164	0.163

注：***、**、*分别代表1%、5%、10%的显著性水平，括号内报告为t值。

5.5 影响机制检验

5.5.1 委托代理动机

股权薪酬是缓解委托代理冲突的重要激励机制,通过授予高管剩余索取权,促使高管身份的转变,提高高管个人收益与公司价值的关联程度,以缓解高管与股东之间的委托代理冲突。因此,协调高管私人利益与股东利益趋于一致的委托代理动机是公司实施股权激励的主要动机之一(Jensen and Meckling,1976)。因此,在委托代理动机预期下,高管股权薪酬应当可以降低高管与股东之间的信息不对称程度,抑制高管道德风险行为。

本章参考王亚平等(2009)、孙泽宇和齐保垒(2021)的做法,使用公司过去三年可操控性应计项目绝对值之和(Opaque)作为信息透明度的衡量指标,根据行业年度中位数将公司划分为信息透明度低和信息透明度高组,分组检验资本市场开放对高管股权薪酬的影响。检验结果如表5-12所示。可知,高管股权激励能够显著降低公司信息不对称,提高信息透明度。资本市场开放对高管股权薪酬的正向作用在信息透明度低组显著存在。说明委托代理动机是资本市场开放条件下公司加强高管股权薪酬选择倾向的重要原因。

表5-12 委托代理动机检验

	(1)	(2)	(3)
	全样本	信息透明度低	信息透明度高
	Opaque	Mshare	Mshare
Mshare	-0.000**		
	(-2.31)		

续表

	(1)	(2)	(3)
	全样本	信息透明度低	信息透明度高
	Opaque	Mshare	Mshare
HSSC	-0.012***	0.689***	0.103
	(-4.63)	(3.02)	(0.66)
Size	-0.003	-0.415***	-0.209
	(-1.62)	(-2.71)	(-1.27)
Leverage	0.088***	-2.357***	0.541
	(10.45)	(-3.80)	(0.83)
ROA	0.024	4.923***	7.918***
	(1.35)	(3.96)	(4.80)
Growth	0.019***	0.065	0.198
	(11.68)	(0.53)	(1.39)
SOE	-0.018***	-1.009*	-0.418
	(-2.90)	(-1.85)	(-1.04)
Top1	0.068***	4.610***	1.366
	(5.05)	(4.41)	(1.31)
Age	0.059***	-10.567***	-9.286***
	(3.29)	(-12.18)	(-8.18)
Bsize	-0.000	0.153*	0.190***
	(-0.19)	(1.80)	(2.93)
Indep	0.010	3.665*	5.100***
	(0.38)	(1.69)	(3.14)
Dual	-0.000	7.366***	3.425***
	(-0.10)	(34.52)	(18.30)
Constant	-0.015	40.046***	31.328***
	(-0.20)	(8.93)	(6.00)
Firm	Yes	Yes	Yes
Year	Yes	Yes	Yes
Industry	Yes	Yes	Yes
Observations	17287	13992	8724
R-squared	0.062	0.179	0.086

注：***、**、*分别代表1%、5%、10%的显著性水平，括号内报告为t值。

5.5.2 人力资本动机

人力资本理论认为，人的能力素质等人力资本是促进经济发展的不可或缺的生产要素。在当今的知识时代，随着公司规模的扩大与经营业务的多元化，公司经营需要更加专业的人力资本。同时，人力资本在公司经营结果分配上的话语权也随之提高。人力资本动机下公司实施股权激励是吸引和留住人才的重要手段，通过剩余索取权的部分让渡，实现人力资本所有者的利益与公司利益的兼容。尤其是股权激励的长期性特点，使得股权薪酬在留住高管方面比货币薪酬的作用效果更好。宗文龙等（2013）的研究发现，股权激励能够降低高管更换概率。

本章使用未来一期董事长和总经理更换的哑变量（Turnover）作为被解释变量，检验高管股权薪酬的影响。检验结果如表5-13列（1）所示，股权薪酬显著降低了高管离职概率，与宗文龙等（2013）的研究结论一致。如果资本市场开放对股权薪酬的促进作用符合人力资本动机，那么在高管离职倾向较高的情况下，资本市场开放的促进作用应当更大。高管的行为决策存在薪酬参照点效应，当高管薪酬低于参照点薪酬时，高管会产生被剥夺感和心理落差，引发高管消极怠工等负面抵抗情绪，加大高管的离职倾向（Cowherd and Levine，1992；Kale et al.，2014；徐细雄和谭瑾，2014；罗昆等，2019）。陈胜军等（2020）的研究发现，在垂直薪酬差距、平行薪酬差距和行业薪酬差距中只有平行薪酬差距会显著正向影响高管离职率。本章参考其做法，计算高管团队年度薪酬的变异系数作为平行薪酬差距，然后根据平行薪酬差距的年度行业中位数，将公司分为高管离职倾向高组和低组，分别检验资本市场开放对股权薪酬的影响。检验结果如表5-13列（2）（3）所示，在高管离职倾向高组资本市场开放会显著提高股权薪酬强度，说明人力资本动机在解释资本市场开放与股权激励的关系方面成立。

表 5-13　　人力资本动机检验

	(1) 全样本 $Turnover_{i,t+1}$	(2) 高管离职倾向低 Mshare	(3) 高管离职倾向高 Mshare
Mshare	-0.014*** (-7.42)		
HSSC		0.288 (1.44)	0.910*** (4.34)
Size	-0.018 (-1.06)	0.026 (0.19)	-0.943*** (-4.49)
Leverage	0.192* (1.75)	-3.010*** (-5.28)	-0.002 (-0.00)
ROA	-4.023*** (-11.77)	5.509*** (4.50)	5.639*** (3.48)
Growth	0.093*** (2.61)	0.134 (1.19)	-0.008 (-0.05)
SOE	0.398*** (9.61)	-1.160*** (-2.74)	-0.761 (-1.17)
Top1	0.079 (0.65)	3.776*** (4.28)	5.590*** (4.25)
Age	0.135** (2.43)	-12.718*** (-14.75)	-9.360*** (-10.57)
Bsize	-0.025** (-2.11)	0.186** (2.54)	0.216** (2.56)
Indep	0.462 (1.29)	-0.180 (-0.10)	8.563*** (3.96)
Dual	-0.151*** (-3.29)	6.305*** (32.27)	6.817*** (30.61)
Constant	-1.018** (-2.28)	38.708*** (9.40)	45.924*** (8.31)

续表

	(1) 全样本 Turnover$_{i,t+1}$	(2) 高管离职倾向低 Mshare	(3) 高管离职倾向高 Mshare
Firm	No	Yes	Yes
Year	Yes	Yes	Yes
Industry	Yes	Yes	Yes
Observations	19985	11415	11301
R-squared	0.037	0.166	0.171

注：***、**、*分别代表1%、5%、10%的显著性水平，括号内报告为t值。

5.6 进一步分析

5.6.1 资本市场开放与高管隐形薪酬

广义高管薪酬中，除了货币薪酬和股权薪酬等显性薪酬外，高管凭借职位获取的在职消费是隐性薪酬，可以一定程度上弥补显性薪酬激励不足的问题（梁上坤和陈冬华，2014）。虽然在职消费的存在具有合理性，是高管薪酬契约不完备性的必然结果，但是也有研究认为在职消费是高管滥用权力牟取个人私利的结果，尤其是超额在职消费被视为高管腐败的体现（周黎安和陶婧，2009；翟胜宝等，2015），会损害公司的长期价值（罗宏和黄文华，2008；Gul et al.，2011；Xu et al.，2014）。

本章在前文研究资本市场开放与高管货币薪酬、股权薪酬的基础上，拓展资本市场开放对隐性薪酬的影响研究。参考陈冬华等（2005）的做法，使用财务报表附注中"其他与经营活动有关的现金流"表中"办公费、会议费、董事会费、差旅费、业务招待费、通信费、出国培训费、小车费"八项费用加总后除以期初总资产作为在职消费的衡量指标（Perk），并估算出超额在职消费（Experk）。检验结果如表5-14列（1）（2）所示。可知，资本市场开放能够显著降低高管隐性薪酬。进一步结合前述研究，本章探究了资本市场开放对高管薪酬总额的影响，薪酬总额使用货币薪酬、股权薪酬、隐性薪酬加总的自然对数（TotalComp）。区分是否包含隐性薪酬的分组检验如表5-14列（3）（4）所示，可知资本市场开放并未显著影响高管总薪酬，说明资本市场开放在未影响总体薪酬的情况下改变了高管的薪酬结构。

表5-14　　　　　　　资本市场开放与高管隐性薪酬

	(1)	(2)	(3)	(4)
	隐性薪酬		不含隐性薪酬	含隐性薪酬
	Perk	Experk	TotalComp1	TotalComp2
HSSC	-0.002**	-0.201***	-0.003	-0.014
	(-2.45)	(-2.62)	(-0.10)	(-0.55)
Size	0.002***	0.344***	0.652***	0.707***
	(4.03)	(5.81)	(32.80)	(36.16)
Leverage	0.003	-0.676***	-0.756***	-0.494***
	(1.29)	(-2.78)	(-9.32)	(-6.21)
ROA	0.032***	-0.191	2.876***	2.428***
	(6.96)	(-0.37)	(16.36)	(14.06)
Growth	0.000	0.000	0.034**	0.041**
	(0.56)	(0.49)	(1.98)	(2.44)
SOE	-0.002	-0.276	-0.427***	-0.314***
	(-1.18)	(-1.45)	(-6.75)	(-5.06)
Top1	-0.001	-0.089	-0.911***	-0.647***
	(-0.32)	(-0.23)	(-6.96)	(-5.03)

续表

	(1)	(2)	(3)	(4)
	隐性薪酬		不含隐性薪酬	含隐性薪酬
	Perk	Experk	TotalComp1	TotalComp2
Age	0.005*	0.639*	-1.629***	-1.243***
	(1.86)	(1.95)	(-14.89)	(-11.56)
Bsize	0.001***	0.130***	0.057***	0.059***
	(4.06)	(4.48)	(5.74)	(6.04)
Indep	0.003	0.367	0.577**	0.558**
	(0.50)	(0.52)	(2.26)	(2.23)
Dual	0.003***	0.329***	0.789***	0.774***
	(4.65)	(4.14)	(29.78)	(29.75)
Constant	-0.073***	-10.270***	7.026***	4.778***
	(-4.93)	(-6.07)	(12.28)	(8.50)
Firm	Yes	Yes	Yes	Yes
Year	Yes	Yes	Yes	Yes
Industry	Yes	Yes	Yes	Yes
Observations	23399	23237	22716	22716
R-squared	0.009	0.006	0.196	3310

注：***、**、*分别代表1%、5%、10%的显著性水平，括号内报告为t值。

5.6.2 产权性质的调节效应

股权激励在不同产权性质企业中的实施状况存在显著差异。相比于非国有企业，股权激励自推出起在国有企业中的落地一直面临诸多限制因素，使国有企业股权激励强度相对较低。

首先，从国有企业高管的身份角度来看，国企高管并非单纯的职业经理人，而是兼具政府官员身份。在市场化原则下，职业经理人的薪酬应当在聘任双方公平谈判的基础上，由经理人市场的供需机制决定。政府官员的薪酬则受到政策管制的约束,与行政等级直接相关。我国国企高管薪酬面临明显的薪酬管制。国企高管身份的双重性使建立在市场化机制下的股权激励难以按照最优契约理论开展,而且在实施过程中还面临薪酬管制的限制。

其次,从最终所有者角度来看,国有企业属于全民共有的国有资产。股权激励将国有股权转移给私人,可能存在国有资产流失问题,因此更容易受到国有资本监管部门的严格审批。

最后,国有企业内部人控制问题以及对股权激励的多方位限制会大大弱化股权激励计划的激励效应,使之沦为高管牟取福利的工具(吕长江等,2009)。本章进一步区分产权性质,考察不同企业中资本市场开放对股权激励的影响差异。检验结果如表 5-15 所示。可知,资本市场开放对股权激励的促进作用仅在非国有企业中存在,与国有企业股权激励实施受限的现实相符,说明资本市场开放并不能突破国有企业对股权激励的限制,只能在相对自由的环境中发挥股权激励促进作用。

表 5-15　　　　　　　　产权性质的调节效应

	(1)	(2)
	国有企业	非国有企业
	Mshare	Mshare
HSSC	0.003	0.916***
	(0.11)	(3.91)
Size	0.009	0.004
	(0.38)	(0.03)
Leverage	-0.439***	-1.268*
	(-4.46)	(-1.83)
ROA	0.032	6.253***
	(0.15)	(4.31)

续表

	（1）	（2）
	国有企业	非国有企业
	Mshare	Mshare
Growth	0.060***	0.025
	(3.18)	(0.17)
Top1	-0.504***	5.058***
	(-3.32)	(4.36)
Age	-1.154***	-10.924***
	(-7.67)	(-12.09)
Bsize	-0.007	0.291***
	(-0.70)	(2.98)
Indep	-0.140	7.217***
	(-0.54)	(2.98)
Dual	-0.007	8.938***
	(-0.19)	(41.74)
Constant	4.157***	28.055***
	(5.64)	(5.55)
Firm	Yes	Yes
Year	Yes	Yes
Industry	Yes	Yes
Observations	8563	14153
R-squared	0.029	0.215

注：***、**、*分别代表1%、5%、10%的显著性水平，括号内报告为t值。

5.7 本章小结

股权薪酬是现代高管薪酬激励的重要组成部分,在发达国家公司中的应用频率非常高。随着我国股权激励管理制度的完善,股权薪酬的激励效果得到越来越多的重视。相比于货币薪酬,公司实施股权激励的动机较为复杂,激励效果也存在争议。那么,资本市场开放是否会影响标的公司在高管股权激励方面的选择倾向?

本章聚焦于资本市场开放对高管股权激励的影响。研究发现:资本市场开放能够促进公司对股权薪酬的选择,显著提高高管的股权薪酬强度。这一结论在经过倾向得分匹配、安慰剂检验、替换衡量指标、更换研究样本、增加控制变量、平行趋势检验、考虑境外投资者实际进入与持股等稳健性检验后依然成立。影响机制检验研究发现,资本市场开放对高管股权薪酬促进作用符合委托代理动机和人力资本动机,互联互通标的公司出于缓解高管与股东之间的代理冲突以及留住高管等目的,会加强股权激励强度。进一步分析还发现,除了货币薪酬和股权薪酬等显性薪酬外,资本市场开放能够显著降低高管隐性薪酬,但是对高管薪酬总额并无显著影响。资本市场开放对高管股权激励的促进作用受到国有产权性质的限制,仅在非国有企业中存在。

第6章 资本市场开放对高管薪酬结构的影响及创新效应

本章在前两章研究的基础上,结合货币薪酬与股权薪酬的比例关系,探究资本市场开放对高管薪酬结构的影响,并进一步从企业创新的角度探究资本市场开放对高管薪酬结构的影响会产生何种经济后果,回答资本市场开放条件下的高管薪酬结构调整是否会促进企业创新的问题。本章的内容安排如下:第1节在相关文献的基础上阐明本章所要探究的核心问题,构建本章的研究框架;第2节依据相关理论分析提出本章的研究假设,推导出资本市场开放对高管薪酬结构的影响,以及可能的企业创新效应;第3节为研究设计部分,说明本章的样本选取、数据来源、模型设定与变量定义;第4节为实证结果与分析部分,包括样本的描述性统计、相关性分析、回归结果分析与稳健性检验;第5节从多个维度展开了进一步分析,对本章假设进行拓展性研究,以补充相关研究证据,丰富本章的研究结论。第6节为本章小结,归纳总结本章的研究结论与启示意义。

6.1 问题的提出

高管薪酬契约的主要功能就是解决经理人与所有者之间的委托

代理问题，以往研究大多只关注了高管薪酬的激励水平和激励效果，对于薪酬结构的研究有限。近些年，我国薪酬管理实践经历了巨大变化，一方面，在激励形式上呈现日渐多样化的趋势；另一方面，关于薪酬激励的制度规范日渐完善。

我国薪酬激励实践晚于发达国家，在 20 世纪 90 年代之前，我国上市公司高管薪酬多为行政工资，与行政级别挂钩，且仅包含工资、奖金与福利三个部分。这一阶段的高管薪酬制度对薪酬的激励功能关注不足，激励形式单一，无法从根本上解决委托代理问题。20 世纪 90 年代以后，一系列市场经济制度的建立与完善促进了高管薪酬机制的改革，薪酬开始与公司绩效挂钩，国企企业施行高管年薪制，在基础薪酬之外引入了绩效薪酬、分红、股票、中长期权益薪酬等风险性薪酬。2005 年股权分置改革后，以限制性股票和股票期权为主要形式的股权激励开始出现，使高管获得了一定的剩余索取权，高管薪酬与其他职工逐渐拉开差距。紧接着，高管薪酬的快速增长以及附带的薪酬与业绩脱钩、薪酬变动的不对称等问题引起了管理当局的重视，相关部门分别于 2009 年和 2014 年两次出台专门的"限薪令"，对国有企业高管薪酬水平进行直接干预。在我国经济高速增长与制度尚未完善的过程中，高管薪酬过度增长脱离业绩的现象不可避免。这就需要借鉴国外高管薪酬管理的成熟经验。

尽管我国高管薪酬改革取得了长足进步，但是相比于英美公司还存在固定薪酬比例过高、长期激励不足的问题。这种薪酬结构的不合理降低了高管薪酬对公司风险的敏感性，容易加剧高管的风险规避偏好与短视行为，影响公司创新能力的建设。

随着货币薪酬激励效用的边际递减，货币薪酬在激励高管承担风险、减少短视行为方面的不完备性日益凸显，公司开始尝试多样化的高管薪酬激励模式。不同于货币薪酬，股权薪酬具有显著的长期激励特点，主要表现在薪酬取得的延迟性方面。高管需要在长于单个会计期间的时间段内完成指定业绩才能获得股权薪酬，而且薪酬的具体兑现在未来期间。同时，由于薪酬兑现的高不稳定性以及与高波动性的股价相绑定，股权薪酬的价值波动性远高于货币薪酬，通常被视为风险性薪酬，而且股权薪酬在赋予剩余索取权的同时，对高管的决策赋权更大，有助于转变高管身份，产生心理所有权，从源头降低代理成本。

从相互作用关系角度来看，货币薪酬与股权薪酬在一定程度上存在相互替代的作用。研究认为高管薪酬发挥作用的关键在于薪酬结构与薪酬形式，而非薪酬水平（Jensen and Murphy, 1990; Mechran, 1995）。合理的薪酬结构是发挥薪酬激励有效性的重要机制。使用股权薪酬占总薪酬的比例作为高管薪酬结构的观察指标，不仅可以直观看到高管薪酬结构中长期风险性激励的强度，也符合我国公司高管薪酬管理实践的变化趋势。

高管薪酬契约不仅是公司治理问题，也是重要的风险管理问题。通常情况下高管是风险规避的，主要是因为高管在委托代理关系中仅获得与职位相关的固定收益，风险承担成功的收益大部分归于股东，失败会加大高管的解职风险。这就导致高管在风险性投资决策中趋于谨慎，倾向于在确定环境中进行决策。

合理的薪酬契约设计应当能够抑制高管的过度风险规避偏好，调动高管风险性投资的积极性，使公司承担与其能力相匹配的风险水平以最大化利益。然而研究发现业绩奖金、股权激励等绩效薪酬的引入会呈现财富效应和风险效应两种相反的效果，使其对高管效用的影响较为复杂，可能加剧高管风险规避倾向（Guay, 1999）。高管薪酬结构中短期薪酬的存在以及股权临近行权都会加剧高管短视风险追逐倾向。保底薪酬、金色降落伞以及高额的离职金等保险性质薪酬的存在，为高管风险决策提供了一定的安全垫，有利于激发高管的创新积极性。此外，高管薪酬变动中的薪酬刚性和薪酬黏性也具有创新"失败容忍"属性，对企业创新具有积极促进作用。

创新是观察企业风险决策结果的主要投资行为，也是企业核心竞争力的重要组成。创新活动的高风险特点与高管薪酬结构中股权薪酬的风险激励属性相对应，从企业创新的角度可以考察高管薪酬结构的风险激励结果。本书第4章与第5章的研究发现，资本市场开放有助于缓解高管与股东之间的委托代理问题，抑制高管的薪酬操纵行为，抑制大股东赎买行为，表现为降低高管超额薪酬，提高股权激励强度。那么互联互通交易制度的实施对高管薪酬结构存在怎样的影响？进一步的，这种影响是否会产生创新激励效应？这是本章所要回答的主要问题。

6.2 理论分析与研究假设

6.2.1 资本市场开放与高管薪酬结构

股权薪酬与货币薪酬共同构成了我国高管薪酬。两者在一定程度上存在相互替代关系，此消彼长（Core et al., 2003）。他们的出发点都是为高管的努力工作提供匹配的报酬，是高管人力资本价值的外在体现，都兼具缓解所有者与高管之间委托代理问题的任务目标。

两种激励方式的不同点在于：第一，激励的时效性不同。一般而言，货币薪酬都是根据高管的当期业绩表现，结合前期薪酬水平、行业和地区平均薪酬水平等因素共同决定的，与单一会计期间的业绩直接相关，因而货币薪酬的激励效果具有较强的即时性，当期经营业绩好，货币薪酬相应更高。尤其是在业绩型薪酬广泛应用的情况下，货币薪酬对高管工作成果的反映是即时的，对高管的激励作用更多体现在短周期内，特别是一个会计年度内。股权薪酬在制度设计上，一般是按照股东大会批准的股权激励计划，向高级管理人员发放以本公司股票为标的的长期性激励，主要包括限制性股票和股票期权。高管只有在满足一定业绩与工作年限目标的前提下出售限制性股票，或者在未来一定期限内以事先约定好的价格购买公司股票，进而实现股权薪酬的兑现。股权薪酬的兑现并不在当期的会计期间，而是需要高管通过本期的工作努力，推动公司业绩与股价的上升，在未来期间得到实现落袋为安，回报的获取时间相对更长（Carpenter and Sanders，2004）。因此，相比于货币薪酬激励的短期性和即时性，股权薪酬具有显著的长期激励特点，激励作用时间更长。

第二，薪酬价值的波动性不同。货币薪酬与股权薪酬的波动程度具有显著差异，相对来说，股权薪酬的波动程度更大。原因在于，货币薪酬一般与公司业绩，尤其是会计业绩指标相关联，而且存在"准涨不准跌"的刚性特征（方军雄，2009；陈冬华等，2010），其年度变化幅度相对较小，较少出现负增长现象。股权薪酬由于绑定一定的行权条件和行权价格，通常与公司股价相关联。股价波动频繁的特点导致股权薪酬波动幅度较高。两者波动程度的差异，使其对高管的激励效果存在差异。货币薪酬相对更具有保障和兜底性质，股权薪酬的激励性质更强。

第三，激励作用路径不同。相比于货币薪酬的一次性付薪式激励，股权激励通过赋予高管股权，使得高管从原本的"打工人"身份转变为"合伙人"，在享受剩余索取权的同时，在决策中拥有一定的自由裁量权，产生心理所有权，从而有助于在源头上降低高管的机会主义动机（肖曙光，2009；Huybrechts et al.，2013）。虽然股权激励稀释了股东的控制权，但从侧面也反映了股东对高管的信任。在高管与股东之间信息不对称程度较高的情况下，通过实施股权激励，提升高管的工作稳定性和忠诚度，可以激发其持续不断地投入知识精力为企业创造价值。两种激励方式的多项差异，必然导致激励效果的差异。

现有高管激励领域的研究大都关注单一激励方式的作用，并未考虑高管薪酬内部要素的相互作用关系。单一激励方式的边际效用存在递减规律。为了避免单一激励方式激励效果的衰减，实践中公司一般同时使用多种激励方式，在股权激励与薪酬激励之间进行权衡，通过激励方式的组合提升总体激励效果。高管薪酬的激励效果并不取决于激励水平的高低，而是取决于薪酬组合的构成与薪酬形式（Jensen and Murphy，1990；Mehran，1995）。

罗大伟和万迪昉（2002）将管理者薪酬划分为普通股、限制性股票和固定工资三个部分，探究了管理者薪酬结构对公司价值的影响，结果发现管理者薪酬的激励效果主要取决于工资报酬与股权报酬的相对比例。谌新民和刘善敏（2003）研究了高管报酬结构对企业绩效的影响差异，根据现金薪酬与持股水平划分出零报酬、领薪不持股、持股不领薪和领薪持股四种薪酬结构，研究发现仅使用现金薪酬或股权激励一种激励方式并不能显著提升企业绩效，注重长短期激励相结合的领薪持股方式对企业绩效的促进作用最大，说明多元化薪酬结构的激励效果最优。王新等（2015）的研究表明，经理人权力较大时，在职消费这种隐形薪酬能够在一定程度上协调公司与经理人的利益。

蒋涛和廖歆欣（2022）的研究发现，高管的隐形薪酬与显性薪酬既存在互补关系又存在替代关系。当两者表现为安全与激励功能时，两者可以部分替代；当两者表现为代理性质时，两者可以相互补充。李垣和张完定（2002）从理论上分析了管理层的最佳激励组合，应当是物质激励与非物质激励在一定激励成本的约束下的组合，合理的激励方式组合有助于达到最大化的激励效果。

自我国股权分置改革以来，股权激励得到大力推广，逐渐成为高管薪酬体系中的重要组成部分，高管薪酬契约也越来越呈现出多元化特征。随着高管限薪令的颁布与实施，高管货币薪酬容易引发争议，国有企业愈加转向股权激励方式。从激励效果来看，货币薪酬内包含的业绩薪酬通过与企业绩效挂钩，可以调动高管工作的积极性，有利于提升企业的短期经营绩效，但是由于其激励存续时间较短，对长期业绩的激励效果有限。股权激励通过让高管参与企业未来的剩余收益的分配，赋予高管"合伙人"身份，将高管个人利益与企业长期价值紧密联系（Balkin et al.，2000），对促进企业长期发展具有显著的积极作用，通常被视为协调高管与股东利益的最好方式（Jensen，2004）。

王素娟（2014）的研究发现，相比于西方发达国家风险性薪酬为主的薪酬结构，我国高管薪酬构成比例中固定薪酬占比较高，风险性薪酬的比例很小，约为32.1%。高明华（2010）的样本分析结果显示，我国高管固定薪酬与风险薪酬的比例约为7:3。随着股权激励的迅速发展，风险性薪酬占比逐渐增加。虽然股权薪酬并不能完全替代风险性薪酬，但是股权薪酬高价值波动、未来兑现、激励长期性等特点使其成为风险性薪酬的主要内容，使用股权薪酬占总薪酬的比例可以很好地体现薪酬结构对高管长期风险行为的激励强度，是观测薪酬结构短长期薪酬比例和保守激进程度的重要指标。

高管薪酬结构的确定是个复杂系统的问题，受到来自企业内外部多种因素的影响。理论上解释高管薪酬结构决策的理论主要包括委托代理理论、投资机会假说、管理者短视假说等。

委托代理理论认为解决委托代理问题的核心在于设计有效的激励与约束机制，探索高管与股东激励兼容的最优机制。在信息不对称程度较高，股东无法了解高管的工作情况且缺乏长期性激励的条件下，作为代理人的高管一方面存在利用管理层权力进行帝国构建的行为倾向，另一方面，可能因经营短视和偷懒，缺乏进行风险性项目投资决策的动力，表现为普遍的风险厌恶，即代理人风险规避假说。风险与收益通常是共生的。高管的风险规避倾向与以创造价值为核心的股东利益相悖。为了解决股东与高管之间风险倾向差异的矛盾，提高高管的风险承担意愿，通常的做法是提高薪酬结构中的股权薪酬比重，利用股权激励加强高管个人收益与公司业绩的衔接（Jensen and Murphy，1990）。投资机会假说认为高管薪酬与企业面临的投资机会直接相关（Smith and Watts，1992）。成长型企业在未来投资中价值提升的空间很大，但也伴随着高度的收益不确定性，对高管工作业绩的衡量存在非常大的困难，委托代理矛盾突出，因此通常使用高股权激励的薪酬结构降低代理成本。管理者短视假说从社会心理学角度解释了高管决策视域的短视化现象以及由此造成的长期利益缺失。Dechow 和 Sloan（1991）认为，管理者的决策视域小于公司的投资远见时就会产生委托代理问题，即当管理者目光短浅或者因任期到期、临近退休等原因，可能会为了获得短期收益选择短平快项目，而放弃可以为企业带来长期收益的风险性投资项目。针对这类高管，公司在设计高管薪酬结构时适当提高股权激励的比例，可以有效抑制管理者短视行为（郭佳，2022）。

现有关于资本市场开放微观经济后果的研究，主要发现互联互通交易机制的实施会发挥治理效应和信息效应。治理效应表现为抑制高管薪酬操纵（赵东等，2020；孙泽宇和齐保垒，2021；权烨和王满，2022）、约束大股东掏空及其他利益侵占行为（白雅洁和张铁刚，2021；卢锐等，2022）、减少高管的机会主义减持行为（陈作华等，2022）等。信息效应表现为提高股价信息含量（钟覃琳和陆正飞，2018）、降低标的股票的股价崩盘风险（师倩和侯德帅，2019）、提高标的公司面临的信息质量压力（罗棪心和伍利娜，2018；Kim et al.，2019）、提高信息透明度（李静和董秀良，2021；唐建新等，2021）等。这些研究发现，资本市场开放对于缓解委托代理问题、降低代理成本具有积极作用，有助于抑制高管在薪酬契约制定中的自利性操纵行为。

货币薪酬是高管薪酬操纵的重要对象。业绩指标的选择和薪酬标杆的选取都会受到管理层权力的干扰，成为高管获取超额薪酬的方式（罗宏等，2014；罗昆，2015；任广乾，2016）。股权激励也存在与企业绩效脱节，成为高管自利工具的可能，表现为绩效考核指标过于宽松，高管利用权力能够轻易获得和行使股票期权（吴育辉和吴世农，2010）。考虑到股权薪酬取得的不确定性，在严格行权条件的约束下，利用股权激励进行薪酬操纵的难度相对更高。纪彰波和臧日宏（2019）的研究发现，沪港通有利于降低标的股票的整体波动性，提高标的股票价格的稳定性。这也为股权薪酬与公司股价的关联创造条件。此外，通过互联互通引入的境外投资者相比于内地资本市场的投资者，在资金、经验、信息搜集与处理等方面拥有一定优势（Grinblatt and Keloharju, 2000），表现为更加成熟理性的投资理念，更注重长期收益，短期获利目的性不强，因此更有动力使用股权薪酬比重较高的薪酬结构。

因此，本书提出如下假设：

假设6.1：互联互通交易制度的实施有利于促进高管薪酬结构调整，提高股权薪酬在高管薪酬中的比例。

6.2.2 资本市场开放与高管薪酬结构的创新效应

在委托代理框架下，高管与股东风险偏好的差异会导致高管的风险决策并不一定能够提升企业价值。合理的高管薪酬契约应当可以通过薪酬契约的设计，影响高管风险偏好，进而影响如创新投资、并购等风险决策行为（Devers et al., 2008; Nyberg et al., 2010），使公司在可接受的风险承受范围内实现利益最大化（Geithnet, 2009）。然而，合理有效的薪酬契约通常难以实现。在不考虑股东与债权人之间的第二类代理问题可能导致风险转移动机的情况下，高管薪酬激励产生的风险承担效应主要表现为风险规避与风险追逐两种偏好（黄再胜，2012）。

委托代理理论通常假设在不考虑其他因素的条件下，高管的风险偏好是风险嫌恶的，更倾向于在确定性的环境中进行决策（马建会和代端，2021）。这主要是由高管个人收益来源造成的。不同于股东可以享受剩余价值，高管只能供职于一家公司，个人收益基本依靠所在公司发放的薪酬。高管薪酬中的基本薪酬以及退休金、离职金、在职消费等各种福利属于固定薪酬性质，与公司业绩的关联性较弱，高管在其位就会得到相应的固定薪酬，职位晋升后会得到更高的固定薪酬。高管薪酬中的固定薪酬比例越高，高管越倾向于维持现状，越没有动机进行高风险的投资，创新的积极性越小（Sunderan and Yermack，2007；Dever et al.，2008），因为此时风险性项目为高管带来的收益有限，反而项目失败会导致高管被解职。

为了激发高管努力创新承担风险，业绩奖金、股权激励、长期激励计划等绩效薪酬被逐渐引入到高管薪酬中，但是这类绩效薪酬对高管风险行为的激励可能产生两种截然相反的效果：财富效应和风险效应（Guay，1999）。一方面，在长期薪酬的激励下高管的风险规避偏好有所减弱，会选择投资高风险项目以追求更高的未来收入，这种对高管期望收入的提升即为财富效应。另一方面，高风险项目投资会加剧高管收益的波动，提高未来收入的不确定性，降低高管的期望效用，即产生风险效应。由此可见，绩效薪酬的引入对高管效用的影响并不是单面的绝对的，也可能加剧高管的风险规避（Ju et al.，2002；Gervais et al.，2003）。

高管薪酬结构与薪酬变动特点也可能影响高管风险偏好趋向于风险追逐。一方面，高管薪酬中短期薪酬的比例越高，越能够激励高管采取短期冒险行为，助长经营决策的短视化倾向，使公司暴露在长期风险中（Hill，2010）。尤其是股票期权行权期临近时，高管通过短期冒险或者盈余管理刺激股价上升，在股票市场套现的动机越强（Murphy，2010）。股权激励中蕴含的风险激励成分越高，高管风险追逐动机越强，越有兴趣加大研发投资、提高负债率、加紧并购，使得公司风险承担水平上升（Coles et al.，2006；Hagendorff and Vallascas，2011）。此外，高管薪酬中保底薪酬、金色降落伞以及高额的离职金等具有保险性质的薪酬的存在，为高管进行高风险项目投资提供了一定的收益安全垫，提高了高管薪酬契约的创新失败容忍度，有利于更好地激发高管的创新积极性（Francis et al.，2011）。另一方面，高管薪酬变动中还存在"升多降少"的刚性特点以及"重奖轻罚"的黏性特点，这些都会提高高管薪酬契约中的"失败容忍"考虑，有利于提高公司的创新投资水平（Manso，2011；徐悦等，2018；陈修德等，2021）。

高管薪酬结构的不同，所产生的风险承担激励效应也不同，相应的对企业创新的影响也存在差异。企业创新是重要的风险决策内容，是企业构建核心竞争力与创造价值的必经之路。现有关于高管薪酬中股权薪酬比例的激励效果存在两种截然不同的发现：利益趋同效应和堑壕防御效应（周蕾等，2020）。利益趋同效应认为股权激励赋予了高管剩余索取权，有利于缓和股东与高管的利益矛盾，降低委托代理成本（Jensen and Meckling，1976；吕长江等，2009）。堑壕防御效应认为较高的股权薪酬赋予了高管过高权力，加剧了高管的掏空倾向，进而产生利益侵占行为，损害企业价值（Fama and Jensen，1983）。在此基础上，有的学者提出股权激励的价值效应可能是非线性的（Short and Keasey，1999；Cui and Mak，2002；王华和黄之骏，2006）。在股权激励与企业创新关系的研究中，我国学者主要发现两者存在正相关关系，即高管股权激励有利于促进企业创新（陈华东，2016；田轩和孟清扬，2018；赵息和林德林，2019）。在假定资本市场开放会提高标的公司高管薪酬结构中的股权薪酬比例的前提下，增加偏重于长期激励且与未来业绩关联性较强的风险性薪酬比重，应当有利于加强高管的风险追逐偏好，促进高管更加勇于创新。因此，本书提出如下假设：

假设 6.2：互联互通交易制度的实施有利于提高股权薪酬在高管薪酬中的比例，进而对企业创新产生促进作用。

6.3 研究设计

6.3.1 样本选取与数据来源

本章使用与第 4 章同样的样本,样本区间为 2010—2019 年,样本对象为我国沪深两市 A 股上市公司。样本筛选流程为:(1)剔除金融行业上市公司;(2)剔除 ST、ST*、PT 等被特别处理公司;(3)剔除财务异常(资产负债率 >1)的上市公司;(4)剔除变量缺失的上市公司。为了消除异常值的影响,对所有连续变量进行 1% 水平的缩尾处理。经上述处理后,本书共计得到 22122 个观测值,创新投入数据因缺失较多,仅 18035 个观测值。专利数据来自 CNRDS 数据库,其他所有数据均来自 CSMAR 数据库,使用 Stata 和 Excel 软件完成数据整理与分析。

6.3.2 模型设定与变量定义

为了检验资本市场开放对高管薪酬结构的影响,本章设计如下双重差分模型:

$$Ratio_{i,t} = \beta_0 + \beta_1 HSSC_{i,t} + \eta Controls_{i,t} + \sum Firm + \sum Year + \sum Industry + \varepsilon \quad (6-1)$$

模型(6-1)中的被解释变量 Ratio 为高管薪酬结构,即高管股权薪酬占总薪酬的比例。参考 Bergstresser 和 Philippon(2006)、佟爱琴和马惠娴(2019)的做法,先将期末收盘价乘以高管持股数量作为高管的股权薪酬,然后将其除以股权薪酬与货币薪酬的总和,得到高管股权薪酬占总薪酬的比重,以此衡量高管薪酬结构(Ratio)。

资本市场开放对高管薪酬结构的创新影响效应的检验中,需要使用中介检验方法（温忠麟等，2005），结合模型（6-1）组成联立方程：

$$Innovation_{i,t+1} = \beta_0 + \beta_1 HSSC_{i,t} + \eta Controls_{i,t} + \sum Firm + \sum Year + \sum Industry + \varepsilon \qquad (6-2)$$

$$Innovation_{i,t+1} = \beta_0 + \beta_1 HSSC_{i,t} + \beta_2 Ratio_{i,t} + \eta Controls_{i,t} + \sum Firm + \sum Year + \sum Industry + \varepsilon \qquad (6-3)$$

其中，被解释变量 $Innovation_{i,t+1}$ 为公司 i 在 $t+1$ 期的创新绩效衡量指标。现有研究对于企业创新绩效的衡量，基本包括三个维度：创新投入、创新产出、创新效率。创新投入度量的是企业的研发投资强度，通常使用的指标是研发支出占营业总收入或总资产的比重。创新投入越高代表企业投入的研发费用与相关资源越高，越可能产生更好的创新绩效。创新产出是对创新绩效的更直接衡量，通常使用企业专利数据指标。国外研究文献一般使用专利被引用数，国内缺少该统计数据，一般使用申请或授予的专利数量，可以反映企业的创新绩效和创新产出质量。创新效率结合了创新投入和创新产出，衡量的是单位创新投入转化为创新产出的数量，国内研究因为创新投入数据披露不全较少使用该指标。因此，本书遵循一般国内研究做法，使用创新投入和创新产出两个维度的指标衡量企业的创新绩效。创新投入分别使用研发支出占营业总收入的比重（RDIN）和占总资产的比重（RDTA）。创新产出使用当年被授予的专利数量加一的自然对数（Patent）。根据专利类型的不同，区分发明专利授权量（Patentinv）、实用新型专利授权量（Patentuti）、外观设计专利授权量（Patentdes）。专利数据均做加1后对数化处理。需要注意的是，由于创新是一项投入巨大且投资时间较长的活动，创新产生效果具有一定的滞后性，当期的资本市场开放制度变化以及高管薪酬激励变化对企业创新的影响应当存在滞后性，因此本书使用滞后一期的解释变量，以体现资本市场开放对于高管薪酬激励变化影响的长期效果。

模型（6-3）在模型（6-2）的基础上，加入高管薪酬结构变量（Ratio）。根据温忠麟等（2005）的判别方法，回归结果须经Sobel检验，当z值大于0.05的显著性水平，如果β_1和β_2均保持显著，则判定高管薪酬结构是资本市场开放影响企业创新的中介变量。参考黎文靖和郑曼妮（2016）、周铭山和张倩倩（2016）、虞义华等（2018）的研究，本书在模型（5-1）和模型（5-2）中控制了一系列影响企业创新的控制变量，包括公司规模（Size）、财务杠杆率（Leverage）、总资产收益率（ROA）、成长性（Growth）、产权性质（SOE）、股权集中度（Top1）、机构持股比例（Inshold）、公司年龄（Age）、固定资产（PPE）、账面市值比（MB）和现金流量（CFO）。$\sum$ Firm、$\sum$ Year、$\sum$ Industry 代表公司、年度、行业的固定效应。

本章所使用的全部变量的定义如表6-1所示。

表6-1　　　　　　　　　　变量定义表

变量名称	变量符号	变量定义
高管薪酬结构	Ratio	高管股权薪酬/（高管货币薪酬+高管股权薪酬），高管股权薪酬等于高管期末持股数量乘以年末收盘价
创新投入	RDIN	当期研发支出/当期营业总收入
	RDTA	当期研发支出/期末总资产
创新产出	Patent	Ln（本年专利被授予数+1）
	Patentinv	Ln（本年发明专利被授予数+1）
	Patentuti	Ln（本年实用新型专利被授予数+1）
	Patentdes	Ln（本年外观设计专利被授予数+1）
资本市场开放	HSSC	上市公司为沪港通或深港通标的股票且处于政策实施年份后，赋值为1，其他情况赋值为0
公司规模	Size	Ln（年末总资产）
财务杠杆率	Leverage	年末总负债/年末总资产
总资产收益率	ROA	本年净利润/年末总资产

续表

变量名称	变量符号	变量定义
成长性	Growth	(本年销售收入 – 上年销售收入)/上年销售收入
产权性质	SOE	公司属于国有控股企业时赋值为1,其他情况赋值为0
股权集中度	Top1	排名第一的大股东持股数量/公司总股数
机构持股比例	Inshold	机构投资者持股数量/公司总股数
公司年龄	Age	Ln（观测年份 – 公司成立年份 + 1）
固定资产	PPE	期末固定资产净额/期末总资产
市账比	MB	期末市场价值/期末账面价值
现金流量	CFO	本期经营活动产生的现金流量净额/期末总资产
公司固定效应	Firm	公司哑变量
年度固定效应	Year	年度哑变量
行业固定效应	Industry	行业哑变量

6.4 实证结果与分析

6.4.1 描述性统计

本章使用的除公司、年度及行业虚拟变量外的所有变量的描述性统计结果列示在表6-2中。整体上看，虽然部分变量存在缺失值和异常值，但是经过删除与缩尾处理后，样本数量并未发生较大变化，变量的统计结果处于合理范围内。

表6-2　　　　　　主要变量的描述性统计

变量	观测值	均值	标准差	最小值	中位数	最大值
Ratio	22122	0.512	0.453	0.000	0.599	1.000
RDIN	18035	0.043	0.044	0.000	0.034	0.251
RDTA	18035	0.022	0.019	0.000	0.018	0.100

续表

变量	观测值	均值	标准差	最小值	中位数	最大值
Patent	22122	1.509	1.555	0.000	1.386	8.932
Patentinv	22122	0.780	1.098	0.000	0.000	8.037
Patentuti	22122	1.064	1.383	0.000	0.000	8.499
Patentdes	22122	0.402	0.972	0.000	0.000	6.925
HSSC	22122	0.187	0.390	0.000	0.000	1.000
Size	22122	22.156	1.295	19.575	21.983	27.149
Leverage	22122	0.428	0.209	0.048	0.422	0.929
ROA	22122	0.043	0.059	-0.202	0.039	0.222
Growth	22122	0.198	0.463	-0.542	0.117	3.196
SOE	22122	0.379	0.485	0.000	0.000	1.000
Top1	22122	0.347	0.148	0.088	0.328	0.743
Inshold	22122	0.441	0.244	0.003	0.463	0.901
Age	22122	2.818	0.368	0.693	2.890	3.970
PPE	22122	0.218	0.164	0.002	0.184	0.714
MB	22122	2.088	1.789	0.192	1.556	10.134
CFO	22122	0.044	0.070	-0.169	0.044	0.245

由表6-2可知，样本上市公司高管薪酬结构的均值为0.512，中位数为0.599，说明半数以上是样本公司高管的股权薪酬占总薪酬的比例超过50%。创新投入RDIN的均值为0.043，RDTA的均值为0.022，说明我国上市公司研发支出平均占营业总收入的4.3%，占总资产的2.2%。从最值来看，两者最大值分布为0.251和0.1，最小值为0，说明不同上市公司的研发支出水平差异较大。创新产出方面，专利授予量的均值为1.509，说明样本公司平均有3.52件专利获得授权[exp(1.509)-1]。最大值和最小值分别为8.932和0，标准差为1.555，远大于创新投入的标准差，说明相比于创新投入，不同公司间创新产出的差异更大。其他专利授予

量指标、发明专利、实用新型专利、外观设计专利的平均授权量分别为 1.18 件 [exp (0.78) -1]、1.90 件 [exp (1.064) -1]、0.49 件 [exp (0.402) -1]。互联互通交易制度影响的虚拟变量 HSSC 的均值为 0.187，表明有 18.7% 的样本公司受到了互联互通交易制度实施的外生冲击。

其他控制变量方面，均值与中位数相近，数据基本呈正态分布的有公司规模 Size、财务杠杆率 Leverage、总资产收益率 ROA、股权集中度 Top1、机构持股比例 Inshold、公司年龄 Age、现金流量 CFO。样本公司平均财务杠杆率在 42.8%，平均总资产收益率为 4.3%，半数以上的样本公司成长性大于 11.7%，近 37.9% 的样本公司为国有企业性质，第一大股东持股比例的均值为 34.7%，机构持股比例平均为 44.1%。样本公司的平均上市年龄约为 16 年 [exp (2.818) -1]，固定资产占总资产的比例平均为 21.8%，半数样本公司的市值账面比为 1.556，样本公司平均经营活动产生的现金流量为 0.044。

6.4.2 相关性分析

在样本回归之前，先对各变量进行 Pearson 相关性检验。表 6-3 报告了本章主要变量的相关性分析结果。可知，资本市场开放与高管薪酬结构显著正相关，与创新投入的相关系数分别为 0.02 和 0.04，与创新产出的相关系数为 0.08，且均在 1% 水平上显著，说明资本市场开放与企业创新存在显著的正相关关系，与研究假设相符。同样的，高管薪酬结构与企业创新投入、创新产出的相关性也保持显著正向，基本符合中介效应的研究假设。相关性检验与研究假设基本一致，具体的因果关系有待于多元回归验证。资本市场开放与其他控制变量之间的相关系数小于 0.5，说明检验模型不存在严重的多重共线性。后文将通过多元回归进一步检验资本市场开放与高管股权激励之间的关系。

表 6-3　主要变量的相关性分析

	Ratio	RDIN	RDTA	Patent	HSSC	Size	Leverage	ROA	Growth	SOE	Top1	Inshold	Age	PPE	MB
RDIN	0.30***														
RDTA	0.26***	0.76***	1												
Patent	0.24***	0.14***	0.25***	1											
HSSC	0.02**	0.02***	0.04***	0.08***	1										
Size	-0.22***	-0.26***	-0.22***	0.10***	0.40***	1									
Leverage	-0.31***	-0.34***	-0.23***	-0.06***	0.07***	0.51***	1								
ROA	0.17***	0.02***	0.16***	0.09***	0.05***	-0.03***	-0.36***	1							
Growth	0.04***	-0.03***	0.02**	-0.04***	-0.03***	0.03***	0.05***	0.23***	1						
SOE	-0.57***	-0.23***	-0.19***	-0.12***	0.04***	0.33***	0.31***	-0.12***	-0.06***	1					
Top1	-0.23***	-0.17***	-0.11***	0.01	0.02***	0.21***	0.06***	0.11***	0.00	0.22***	1				
Inshold	-0.49***	-0.23***	-0.15***	-0.05***	0.13***	0.43***	0.23***	0.08***	0.04***	0.42***	0.51***	1			
Age	-0.22***	-0.10***	-0.07***	-0.13***	0.20***	0.16***	0.19***	-0.09***	-0.04***	0.19***	-0.10***	0.08***	1		
PPE	-0.21***	-0.25***	-0.20***	-0.02**	-0.04***	0.09***	0.09***	-0.11***	-0.08***	0.21***	0.09***	0.14***	0.02**	1	
MB	0.22***	0.31***	0.27***	-0.01	-0.11***	-0.50***	-0.44***	0.28***	0.07***	-0.25***	-0.08***	-0.14***	-0.10***	-0.14***	1
CFO	0.03***	-0.02**	0.10***	0.07***	0.10***	0.05***	-0.17***	0.37***	-0.00	-0.01	0.08***	0.10***	0.02***	0.24***	0.11***

注：***、**、*分别代表1%、5%、10%的显著性水平。

6.4.3 回归结果分析

(1) 资本市场开放与高管薪酬结构

模型(6-1)资本市场开放与高管薪酬结构的检验结果如表6-4所示。列(1)为不控制除年度、行业、公司固定效应外的控制变量后的检验结果,列(2)为全部控制之后的检验结果。可知,无论是否控制相关控制变量,资本市场开放 HSSC 对高管薪酬结构的回归系数均在1%水平上显著为正,说明互联互通交易制度的实施通过引入境外投资者参与公司治理,加强外部监督借鉴先进治理经验,抑制了高管超额货币薪酬,提高了高管股权激励,最终使得公司的高管薪酬结构发生改变,提高了股权薪酬在总薪酬中的比重。相比于未受互联互通交易制度影响的上市公司,受影响的样本公司高管薪酬中股权薪酬比重更高。假设6.1得到验证。

表6-4 资本市场开放与高管薪酬结构

	(1)	(2)
	Ratio	Ratio
HSSC	0.032***	0.015***
	(6.53)	(3.01)
Size		0.107***
		(25.04)
Leverage		-0.163***
		(-10.43)
ROA		0.116***
		(3.31)
Growth		0.004
		(1.34)
SOE		-0.045***
		(-3.77)

第6章 资本市场开放对高管薪酬结构的影响及创新效应

续表

	(1) Ratio	(2) Ratio
Top1		0.012
		(0.47)
Inshold		-0.352***
		(-20.31)
Age		-0.170***
		(-8.31)
PPE		-0.011
		(-0.53)
MB		0.013***
		(9.24)
CFO		0.059**
		(2.38)
Constant	0.483***	-1.192***
	(21.55)	(-10.46)
Firm	Yes	Yes
Year	Yes	Yes
Industry	Yes	Yes
Observations	22143	22143
R-squared	0.035	0.086

注：***、**、* 分别代表1%、5%、10%的显著性水平，括号内报告为t值。

控制变量的回归结果显示，公司规模与高管薪酬结构显著正相关，说明规模越大的企业高管股权薪酬比重越高。财务杠杆率与高管薪酬结构显著负相关，说明债权人监督压力较大的公司，更倾向于选择薪酬激励。总资产收益率与高管薪酬结构显著正相关，说明盈利能力的提高会促使公司发放更多的股权薪酬以激发高管工作的积极性。产权性质与高管薪酬结构显著负相关，说明相比于非国有企业，国有企业发放了更少的股权薪酬，使得高管薪酬结构偏向于货币薪酬。这个现象与我国国有企业发行股权薪酬受限较多相一致。机构投资者持股比例与高管薪酬结构显著负相关,说明机构投资者持股越多的公司更倾向于使用短期激励效果突出的货币薪酬激励。公司年龄与高管薪酬结构显著负相关,说明相比于年轻初创公司,步入成熟期的公司实施高管股权激励的意愿更低。市账比、现金流量与高管薪酬结构均显著正相关,说明成长性好和经营状况良好的公司会发放更多的股权薪酬,以激励高管专注于长期的经营目标。

(2) 资本市场开放与高管薪酬结构的创新效应

模型 (6-2) 资本市场开放与企业创新的检验结果如表 6-5 所示。列 (1)(2) 为资本市场开放与企业创新投入的回归结果,列 (3)—(6) 为资本市场开放与企业创新产出的回归结果。可知,在控制一系列影响企业创新的因素以及年度、行业、公司固定效应之后,资本市场开放对企业创新投入的回归系数均保持 1% 水平上显著正向,资本市场开放对企业专利授予数量的回归系数为 0.078,在 1% 水平上显著,区分专利类型后发现,资本市场开放对发明专利授予量和外观设计专利授予量的影响更为显著,对实用新型专利授予量的影响不显著。该回归结果说明资本市场开放通过引入境外投资者参与公司治理,可以显著提升企业的创新绩效,表现为创新投入和创新产出的直接提升。

表 6-5　　　　　　　　资本市场开放与企业创新

	(1)	(2)	(3)	(4)	(5)	(6)
	创新投入		创新产出			
	$RDIN_{i,t+1}$	$RDTA_{i,t+1}$	$Patent_{i,t+1}$	$Patentinv_{i,t+1}$	$Patentuti_{i,t+1}$	$Patentdes_{i,t+1}$
HSSC	0.002***	0.001***	0.078***	0.087***	0.015	0.041***
	(2.69)	(3.70)	(3.82)	(5.30)	(0.74)	(2.69)
Size	0.005***	-0.000*	0.089***	0.090***	0.056***	0.041***
	(8.80)	(-1.73)	(5.21)	(6.49)	(3.41)	(3.26)

续表

	(1)	(2)	(3)	(4)	(5)	(6)
	创新投入			创新产出		
	$RDIN_{i,t+1}$	$RDTA_{i,t+1}$	$Patent_{i,t+1}$	$Patentinv_{i,t+1}$	$Patentuti_{i,t+1}$	$Patentdes_{i,t+1}$
Leverage	-0.024***	-0.001	-0.004	0.015	0.001	-0.016
	(-12.11)	(-0.82)	(-0.06)	(0.29)	(0.01)	(-0.35)
ROA	-0.008*	0.006***	0.434***	-0.163	0.720***	0.157
	(-1.76)	(3.28)	(2.99)	(-1.38)	(5.13)	(1.46)
Growth	-0.003***	0.001***	-0.012	-0.015	-0.011	-0.010
	(-7.50)	(3.12)	(-0.97)	(-1.45)	(-0.91)	(-1.04)
SOE	0.001	0.001	0.131***	0.046	0.107**	0.042
	(0.75)	(0.72)	(2.61)	(1.13)	(2.20)	(1.12)
Top1	-0.011***	-0.006***	-0.194*	-0.007	-0.143	0.149*
	(-3.30)	(-3.75)	(-1.84)	(-0.08)	(-1.40)	(1.90)
Inshold	-0.007***	-0.004***	-0.412***	-0.357***	-0.179***	-0.222***
	(-3.48)	(-4.37)	(-6.01)	(-6.40)	(-2.70)	(-4.38)
Age	-0.018***	-0.008***	-0.012	0.210***	-0.038	-0.091
	(-7.67)	(-7.48)	(-0.16)	(3.33)	(-0.50)	(-1.58)
PPE	0.003	0.004***	0.310***	0.085	0.210***	0.175***
	(0.98)	(3.50)	(3.98)	(1.34)	(2.79)	(3.04)
MB	0.000**	0.000**	-0.009	0.000	-0.012**	0.002
	(2.19)	(2.58)	(-1.62)	(0.08)	(-2.13)	(0.51)
CFO	-0.008**	0.004***	-0.000	0.017	-0.035	-0.111
	(-2.51)	(2.73)	(-0.00)	(0.22)	(-0.38)	(-1.57)
Constant	-0.004	0.057***	-0.464	-1.815***	-0.125	-0.281
	(-0.28)	(8.97)	(-1.04)	(-5.00)	(-0.29)	(-0.85)
Firm	Yes	Yes	Yes	Yes	Yes	Yes
Year	Yes	Yes	Yes	Yes	Yes	Yes
Industry	Yes	Yes	Yes	Yes	Yes	Yes
Observations	15333	15333	18942	18942	18942	18942
R-squared	0.101	0.085	0.031	0.055	0.023	0.008

注：***、**、*分别代表1%、5%、10%的显著性水平，括号内报告为t值。

控制变量的回归结果显示,公司规模与企业创新基本显著正相关,说明规模越大的企业有更多的人力与资金资源投向高风险的创新活动,进而产生更好的创新绩效。财务杠杆率与企业创新投入显著负相关,说明杠杆率越高的公司面临的债务压力越大,可能受制于资金约束,无法投入更多的研发支出。总资产收益率与企业创新基本呈现显著正相关关系,说明盈利能力高的公司能够更多地投入研发,产生更多的专利成果。成长性与创新投入的关系不明确。产权性质与企业创新产出更多呈现显著正相关关系,说明相比于非国有企业,国有企业的创新产出更多,获得了更多的专利授权。可能的原因是我国国有企业承担了重大技术攻关与研发任务,国有企业经理人进行创新能够获得政治晋升。股权集中度与企业创新呈负相关关系,说明股权集中度过高不利于企业创新。机构投资者持股比例与企业创新呈显著负相关,可能是因为机构投资者更看重短期企业绩效,对于高风险高收益的创新活动兴趣不大,尤其是我国机构投资者具有明显的价值选择倾向,机构投资者的短视行为不利于企业创新。公司年龄与企业创新投入显著负相关,说明相比于年轻初创公司,步入成熟期的公司开展技术创新的意愿更低。固定资产与企业创新基本正相关,说明重资产公司相比于轻资产公司对创新活动的积极性更高。市值账面比对企业创新投入呈显著正向影响,说明获得资本市场更高估值的公司拥有更多的资源投入创新活动。

模型(6-3)高管薪酬结构在资本市场开放与企业创新之间的中介效应的检验结果如表6-6所示。列(1)(2)检验的是高管薪酬结构在资本市场开放与企业创新投入之间的中介作用,列(3)—(6)检验的是高管薪酬结构在资本市场开放与企业创新产出的中介作用。可知,在控制一系列影响企业创新的因素以及年度、行业、公司固定效应之后,模型中加入高管薪酬结构之后,高管薪酬结构、资本市场开放对企业创新投入的回归系数基本保持显著正相关。Sobel Z 检验的结果分别为 2.965 和 2.261,分别在 1% 和

5%水平上显著,说明高管薪酬结构的中介变量角色成立。同样的,在资本市场开放与企业创新产出的回归中,高管薪酬结构对专利授予量和发明专利授予量均在5%水平上显著为正,对应的Sobel Z检验也都在5%水平上显著,说明高管薪酬结构在资本市场开放与创新产出之间的中介作用同样成立。该回归结果说明资本市场开放通过引入境外投资者参与公司治理,不仅促进了高管薪酬结构向更加注重股权薪酬的方向调整,还进一步提升了企业的创新绩效。假设6.2得到验证。控制变量的回归结果与前述保持一致,不再赘述。

表6-6　　　　　　　　　高管薪酬结构的中介作用

	(1)	(2)	(3)	(4)	(5)	(6)
	创新投入		创新产出			
	$RDIN_{i,t+1}$	$RDTA_{i,t+1}$	$Patent_{i,t+1}$	$Patentinv_{i,t+1}$	$Patentuti_{i,t+1}$	$Patentdes_{i,t+1}$
HSSC	0.002***	0.001***	0.077***	0.088***	0.014	0.040***
	(2.63)	(3.59)	(3.78)	(4.31)	(0.70)	(2.67)
Ratio	0.002***	0.001***	0.053**	0.014**	0.046*	0.020
	(3.71)	(3.27)	(2.44)	(2.58)	(1.67)	(0.93)
Size	0.005***	-0.001**	0.083***	0.091***	0.051***	0.039***
	(8.44)	(-2.20)	(4.81)	(6.49)	(3.07)	(3.05)
Leverage	-0.024***	-0.001	0.004	0.013	0.007	-0.013
	(-11.97)	(-0.60)	(0.06)	(0.26)	(0.12)	(-0.29)
ROA	-0.008*	0.006***	0.425***	-0.161	0.712***	0.154
	(-1.83)	(3.15)	(2.93)	(-1.36)	(5.07)	(1.43)
Growth	-0.003***	0.001***	-0.012	-0.015	-0.011	-0.010
	(-7.52)	(3.08)	(-1.00)	(-1.44)	(-0.94)	(-1.05)
SOE	0.001	0.001	0.133***	0.046	0.109**	0.043
	(0.80)	(0.82)	(2.65)	(1.11)	(2.24)	(1.14)
Top1	-0.011***	-0.006***	-0.194*	-0.007	-0.143	0.149*
	(-3.31)	(-3.77)	(-1.84)	(-0.08)	(-1.40)	(1.90)

续表

	(1)	(2)	(3)	(4)	(5)	(6)
	创新投入		创新产出			
	$RDIN_{i,t+1}$	$RDTA_{i,t+1}$	$Patent_{i,t+1}$	$Patentinv_{i,t+1}$	$Patentuti_{i,t+1}$	$Patentdes_{i,t+1}$
Inshold	-0.007***	-0.004***	-0.394***	-0.361***	-0.163**	-0.216***
	(-3.19)	(-3.84)	(-5.70)	(-6.42)	(-2.44)	(-4.21)
Age	-0.018***	-0.008***	-0.006	0.209***	-0.032	-0.088
	(-7.59)	(-7.33)	(-0.07)	(3.30)	(-0.42)	(-1.53)
PPE	0.003	0.004***	0.311***	0.085	0.210***	0.175***
	(0.99)	(3.50)	(3.99)	(1.34)	(2.79)	(3.04)
MB	0.000**	0.000**	-0.010*	0.001	-0.013**	0.002
	(2.08)	(2.38)	(-1.73)	(0.12)	(-2.23)	(0.45)
CFO	-0.008**	0.004***	-0.004	0.018	-0.038	-0.112
	(-2.52)	(2.70)	(-0.04)	(0.23)	(-0.41)	(-1.59)
Constant	-0.003	0.058***	-0.396	-1.832***	-0.066	-0.256
	(-0.17)	(9.16)	(-0.88)	(-5.03)	(-0.15)	(-0.77)
Firm	Yes	Yes	Yes	Yes	Yes	Yes
Year	Yes	Yes	Yes	Yes	Yes	Yes
Industry	Yes	Yes	Yes	Yes	Yes	Yes
Observations	15333	15333	18942	18942	18942	18942
R-squared	0.101	0.086	0.032	0.055	0.023	0.008
Sobel Z	2.965***	2.261**	1.970**	2.067**	1.459	0.890

注：***、**、*分别代表1%、5%、10%的显著性水平，括号内报告为t值。

6.4.4 稳健性检验

为了增强研究结论的可靠性，缓解内生性因素对结论的干扰，本书进行了以下稳健性检验：

（1）平行趋势检验

为了检验高管薪酬结构在互联互通交易制度实施前的标的公司

与非标的公司不存在显著差异,即验证平行趋势假设。本章按照互联互通政策冲击的发生时点设置实施前(后)各三年变量。before1 – 3 (after1 – 3)分别代表互联互通交易至实施前(后)1—3 年的哑变量,current 为政策实施当年的哑变量。在加入相关控制变量后回归得到如图 6 – 1 所示的检验结果。可知,高管薪酬结构在互联互通交易制度实施之前即 before3 – before1 期间内,回归系数均不显著大于 0,在政策实施后回归系数逐渐变大,并于 after2 – after3 置信区间远离 0,回归系数显著大于 0。说明政策实施前标的公司与非标的公司的高管薪酬结构无显著差异,符合平行趋势假设,而在政策实施后标的公司高管薪酬结构明显变大,意味着随着资本市场开放标的公司使用了更加积极的薪酬激励方案。

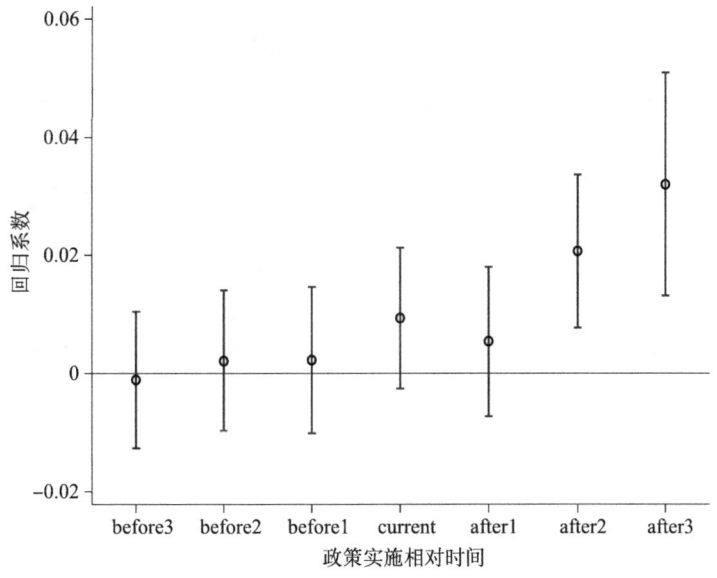

图 6 – 1 高管薪酬结构平行趋势检验

(2)排除非线性关系

前文理论分析表明,高管薪酬结构对高管风险承担行为的影响具有复杂性，一方面是因为高管风险偏好在不同薪酬结构和薪酬形式的激励下可能会向风险追逐或风险规避趋近，另一方面是因为股权激励本身具有"利益趋同效应"和"堑壕防御效应"两种相反的激励后果。赋予高管过高的股权薪酬意味着高管干预经营的能力更强，利用管理者权力谋取私利的动机更强。因此有研究认为高管薪酬结构的激励效果可能存在非线性关系。本章为了排除这种非线性关系的可能，在创新效应的回归中加入高管薪酬结构的平方项（SQRatio），检验结果如表 6-7 所示。可知，SQRatio 的回归系数并不显著，说明高管薪酬结构与企业创新之间不存在倒 U 形或者正 U 形的非线性关系。

表 6-7　　　　高管薪酬结构与企业创新：排除非线性关系

	(1)	(2)	(3)
	$RDIN_{i,t+1}$	$RDTA_{i,t+1}$	$Patent_{i,t+1}$
Ratio	0.001**	0.003*	-0.052
	(2.23)	(1.68)	(-0.45)
SQRatio	0.001	-0.001	0.116
	(0.21)	(-0.88)	(0.97)
Size	0.005***	-0.000*	0.092***
	(8.88)	(-1.68)	(5.33)
Leverage	-0.024***	-0.001	-0.006
	(-12.13)	(-0.81)	(-0.09)
ROA	-0.008*	0.006***	0.414***
	(-1.87)	(3.09)	(2.85)
Growth	-0.003***	0.001***	-0.016
	(-7.73)	(2.84)	(-1.30)
SOE	0.002	0.001	0.140***
	(0.87)	(0.85)	(2.79)
Top1	-0.011***	-0.005***	-0.186*
	(-3.20)	(-3.62)	(-1.76)

续表

	(1) $RDIN_{i,t+1}$	(2) $RDTA_{i,t+1}$	(3) $Patent_{i,t+1}$
Inshold	-0.007***	-0.004***	-0.398***
	(-3.23)	(-3.93)	(-5.75)
Age	-0.018***	-0.008***	-0.006
	(-7.61)	(-7.43)	(-0.07)
PPE	0.003	0.004***	0.316***
	(1.05)	(3.59)	(4.06)
MB	0.000*	0.000**	-0.011*
	(1.95)	(2.30)	(-1.92)
CFO	-0.008**	0.004***	0.003
	(-2.52)	(2.68)	(0.03)
Constant	-0.006	0.056***	-0.544
	(-0.43)	(8.83)	(-1.22)
Firm	Yes	Yes	Yes
Year	Yes	Yes	Yes
Industry	Yes	Yes	Yes
Observations	15333	15333	18942
R-squared	0.101	0.085	0.031

注：***、**、*分别代表1%、5%、10%的显著性水平，括号内报告为t值。

(3) 替换回归模型

根据本章的描述性统计结果，可以看出，上市公司专利数据不符合正态分布，很多观测值的专利数据为0，这就导致了原始回归模型可能存在一定偏误。针对大量零值的被解释变量，通常可以使用泊松回归或者负二项回归进行检验。本章分布使用泊松回归和负二项回归对资本市场开放、高管薪酬结构与企业创新产出的关系进行重新检验，回归结果如表6-8所示。列（1）（2）为泊松回归结果,列(3)(4)为负二项回归结果。由于这两种回归方法难以使用固定效应模型,本章使用加入是否属于处理组的虚拟变量 SSHK 的模型进行回归。当上市公司在样本期间被选为互联互通标的公司时,SSHK 取值为1,否则为0。可知,使用不同的回归方法后,本章结论保持不变。

表6-8　　　　高管薪酬结构的中介作用:替换回归模型

	(1)	(2)	(3)	(4)
	泊松回归		负二项回归	
	$Patent_{i,t+1}$	$Patentinv_{i,t+1}$	$Patent_{i,t+1}$	$Patentinv_{i,t+1}$
HSSC	0.040*	0.005	0.038*	0.011
	(1.88)	(0.18)	(1.77)	(0.37)
Ratio	0.382***	0.457***	0.384***	0.461***
	(20.37)	(17.34)	(19.96)	(16.53)
SSHK	0.024	0.100***	0.024	0.098***
	(1.55)	(4.51)	(1.47)	(4.19)
Size	0.187***	0.309***	0.187***	0.308***
	(24.30)	(30.42)	(23.61)	(28.06)
Leverage	-0.122***	-0.283***	-0.126***	-0.292***
	(-2.88)	(-4.81)	(-2.90)	(-4.67)
ROA	1.359***	0.678***	1.360***	0.694***
	(9.31)	(3.37)	(9.07)	(3.26)
Growth	-0.131***	-0.160***	-0.132***	-0.159***
	(-8.08)	(-6.99)	(-7.90)	(-6.55)
SOE	0.041**	0.155***	0.043**	0.164***
	(2.48)	(6.72)	(2.51)	(6.68)
Top1	0.135***	-0.035	0.135***	-0.038
	(2.87)	(-0.53)	(2.79)	(-0.54)
Inshold	0.045	0.028	0.048	0.040
	(1.36)	(0.60)	(1.41)	(0.81)

续表

	(1)	(2)	(3)	(4)
	泊松回归		负二项回归	
	$Patent_{i,t+1}$	$Patentinv_{i,t+1}$	$Patent_{i,t+1}$	$Patentinv_{i,t+1}$
Age	-0.153***	-0.129***	-0.159***	-0.148***
	(-8.51)	(-5.10)	(-8.52)	(-5.43)
PPE	-0.233***	-0.500***	-0.230***	-0.497***
	(-4.76)	(-7.35)	(-4.58)	(-6.85)
MB	-0.021***	0.009	-0.021***	0.008
	(-4.09)	(1.31)	(-4.04)	(1.08)
CFO	0.691***	0.711***	0.686***	0.701***
	(6.46)	(4.72)	(6.25)	(4.38)
Constant	-5.879***	-9.451***	-5.872***	-2.241***
	(-21.23)	(-24.85)	(-13.03)	(-23.90)
Firm	No	No	No	No
Year	Yes	Yes	Yes	Yes
Industry	Yes	Yes	Yes	Yes
Pseudo R^2	0.159	0.192	0.159	0.157
Observations	18942	18942	18942	18942

注：***、**、*分别代表1%、5%、10%的显著性水平，括号内报告为z值。

(4) 替换高管股权激励的衡量指标

为了控制可能的指标衡量偏误，分别使用 CEO 薪酬结构（CEOratio）和 CEO 的股权激励强度（CEOincentive）作为高管薪酬结构的替代指标，具体计算方式参见第 5 章。替换高管股权激励衡量指标后的回归结果如表 6-9 所示。可知，在使用替代性指标后，资本市场开放与企业创新之间的因果关系并未改变，高管薪酬结构的中介作用依然存在，回归结果不受指标衡量偏误的影响，保持稳健。

表 6-9 高管薪酬结构的中介作用：替换衡量指标

	(1)	(2)	(3)	(4)	(5)	(6)
	$RDIN_{i,t+1}$	$RDTA_{i,t+1}$	$Patent_{i,t+1}$	$RDIN_{i,t+1}$	$RDTA_{i,t+1}$	$Patent_{i,t+1}$
HSSC	0.002***	0.001***	0.068***	0.002**	0.001***	0.079***
	(2.83)	(3.69)	(3.21)	(2.49)	(3.54)	(3.85)
CEOratio	0.001**	0.001*	0.041			
	(2.21)	(1.78)	(1.25)			
CEOincentive				0.000**	0.001***	0.050**
				(2.54)	(2.80)	(2.22)
Size	0.006***	-0.000	0.098***	0.005***	-0.001**	0.086***
	(9.29)	(-0.15)	(4.88)	(8.63)	(-2.40)	(4.91)
Leverage	-0.026***	-0.001	0.040	-0.024***	-0.000	-0.021
	(-11.59)	(-1.50)	(0.56)	(-12.05)	(-0.47)	(-0.33)
ROA	-0.012**	0.003	0.390**	-0.009*	0.007***	0.393***
	(-2.37)	(1.45)	(2.43)	(-1.94)	(3.44)	(2.66)
Growth	-0.003***	0.001***	-0.018	-0.003***	0.001***	-0.010
	(-6.63)	(3.78)	(-1.28)	(-7.36)	(3.11)	(-0.79)
SOE	0.001	0.001	0.070	0.002	0.001	0.140***
	(0.59)	(0.57)	(1.19)	(1.15)	(1.06)	(2.73)
Top1	-0.012***	-0.006***	-0.203*	-0.012***	-0.006***	-0.192*
	(-3.11)	(-3.63)	(-1.69)	(-3.47)	(-4.12)	(-1.79)
Inshold	-0.009***	-0.004***	-0.489***	-0.007***	-0.004***	-0.400***
	(-3.70)	(-3.61)	(-6.30)	(-3.42)	(-4.23)	(-5.73)
Age	-0.020***	-0.006***	0.085	-0.018***	-0.008***	0.002
	(-6.03)	(-4.30)	(0.81)	(-7.59)	(-7.42)	(0.03)
PPE	0.001	0.003**	0.326***	0.002	0.004***	0.361***
	(0.30)	(2.41)	(3.63)	(0.93)	(3.44)	(4.56)
MB	0.001**	0.000**	0.000	0.000**	0.000**	-0.010
	(2.47)	(2.13)	(0.04)	(2.39)	(2.42)	(-1.64)

续表

	(1)	(2)	(3)	(4)	(5)	(6)
	$RDIN_{i,t+1}$	$RDTA_{i,t+1}$	$Patent_{i,t+1}$	$RDIN_{i,t+1}$	$RDTA_{i,t+1}$	$Patent_{i,t+1}$
CFO	-0.011***	0.004***	-0.008	-0.008**	0.004***	-0.013
	(-3.01)	(2.94)	(-0.07)	(-2.48)	(2.77)	(-0.14)
Constant	-0.023	0.043***	-0.978*	-0.004	0.061***	-0.473
	(-1.31)	(5.58)	(-1.81)	(-0.29)	(9.41)	(-1.04)
Firm	Yes	Yes	Yes	Yes	Yes	Yes
Year	Yes	Yes	Yes	Yes	Yes	Yes
Industry	Yes	Yes	Yes	Yes	Yes	Yes
Observations	12327	12327	15119	15066	15066	18564
R-squared	0.091	0.070	0.029	0.101	0.088	0.032

注：***、**、*分别代表1%、5%、10%的显著性水平，括号内报告为t值。

(5) 更换研究样本

根据参与互联互通上市公司所在证券交易所的不同，互联互通可以分为沪港通和深港通两种类型，两者的正式实施时间分别为2014年和2016年。本章分别使用沪港通和深港通样本，对应控制组分别为沪市上市公司和深市上市公司，对假设进行重新检验。分样本的检验结果如表6-10所示。列（1）—（3）使用的是沪港通样本，列（4）—（6）使用的深港通样本。可知，单独使用沪港通或深港通样本对本章研究结论不存在干扰，研究结论保持稳健。

表6-10　　高管薪酬结构的中介作用：使用沪港通或深港通样本

	(1)	(2)	(3)	(4)	(5)	(6)
	沪港通样本			深港通样本		
	$RDIN_{i,t+1}$	$RDTA_{i,t+1}$	$Patent_{i,t+1}$	$RDIN_{i,t+1}$	$RDTA_{i,t+1}$	$Patent_{i,t+1}$
HSSC	0.002***	0.001***	0.108***	0.001	0.000	0.105***
	(2.70)	(3.02)	(3.67)	(1.09)	(0.49)	(3.79)

续表

	(1)	(2)	(3)	(4)	(5)	(6)
	沪港通样本			深港通样本		
	$RDIN_{i,t+1}$	$RDTA_{i,t+1}$	$Patent_{i,t+1}$	$RDIN_{i,t+1}$	$RDTA_{i,t+1}$	$Patent_{i,t+1}$
Ratio	0.001***	0.001***	0.027***	0.003***	0.001***	0.114***
	(2.58)	(2.79)	(2.78)	(2.64)	(2.62)	(2.96)
Size	0.005***	-0.001***	0.117***	0.004***	0.000	0.041*
	(7.14)	(-2.63)	(5.67)	(4.83)	(0.31)	(1.74)
Leverage	-0.024***	-0.001	-0.050	-0.019***	-0.001	-0.002
	(-10.31)	(-0.52)	(-0.70)	(-7.62)	(-0.84)	(-0.02)
ROA	-0.006	0.005**	0.377**	-0.001	0.008***	0.585***
	(-1.06)	(2.19)	(2.28)	(-0.10)	(3.43)	(3.19)
Growth	-0.004***	0.001**	-0.015	-0.002***	0.001***	-0.014
	(-7.99)	(2.35)	(-1.01)	(-4.43)	(2.80)	(-0.86)
SOE	0.002	0.000	0.053	-0.003	0.000	0.190***
	(0.76)	(0.49)	(0.90)	(-1.21)	(0.17)	(2.93)
Top1	-0.016***	-0.007***	-0.164	-0.001	-0.003*	-0.349**
	(-3.67)	(-4.06)	(-1.28)	(-0.20)	(-1.77)	(-2.49)
Inshold	-0.002	-0.002**	-0.387***	-0.018***	-0.006***	-0.341***
	(-0.94)	(-2.12)	(-4.80)	(-6.50)	(-4.51)	(-3.62)
Age	-0.020***	-0.008***	-0.103	-0.007**	-0.004***	-0.107
	(-7.28)	(-6.94)	(-1.16)	(-2.17)	(-2.70)	(-0.98)
PPE	0.004	0.005***	0.404***	0.003	0.003*	0.175*
	(1.15)	(3.77)	(4.44)	(0.82)	(1.82)	(1.80)
MB	0.000	0.000*	-0.014**	0.000	0.000**	-0.006
	(1.51)	(1.95)	(-2.09)	(1.52)	(1.99)	(-0.72)
CFO	-0.010***	0.003**	0.043	-0.009**	0.001	-0.093
	(-2.58)	(2.06)	(0.38)	(-2.53)	(0.77)	(-0.80)
Constant	-0.006	0.064***	-0.882*	-0.002	0.034***	0.761
	(-0.36)	(8.59)	(-1.70)	(-0.11)	(3.72)	(1.20)
Firm	Yes	Yes	Yes	Yes	Yes	Yes
Year	Yes	Yes	Yes	Yes	Yes	Yes
Industry	Yes	Yes	Yes	Yes	Yes	Yes
Observations	11693	11693	13890	8602	8602	11185
R-squared	0.094	0.075	0.038	0.119	0.114	0.024

注：***、**、*分别代表1%、5%、10%的显著性水平，括号内报告为t值。

第6章 资本市场开放对高管薪酬结构的影响及创新效应

(6) 考虑境外投资者实际进入与持股

本章对资本市场开放与高管股权激励的影响研究仅从公司是否加入互联互通标的名单视角展开,然而公司处于互联互通标的名单并不等同于境外投资者实际进入并持有标的公司股票。为了更加准确地衡量出经由互联互通交易制度进入标的上市公司的境外投资者对高管薪酬结构的影响效果,本章借鉴孙泽宇和齐保垒(2021)的做法,设置公司进入互联互通交易名单且境外投资者实际进入的虚拟变量(Fordum)以及公司进入互联互通交易名单且境外投资者实际持股比例的连续变量(Forhold),将新设置的两个变量放入模型(6-1)中,回归结果如表6-11所示。结果显示,考虑境外投资者实际进入与持股后,资本市场开放依然有利于提高高管薪酬结构中股权激励的比重,本章结论保持不变。

表 6-11　　资本市场开放与高管薪酬结构:
考虑境外投资者实际进入与持股

	(1)	(2)
	Ratio	Ratio
Fordum	0.023***	
	(3.53)	
Forhold		0.129***
		(3.73)
Size	0.107***	0.109***
	(25.45)	(25.85)
Leverage	-0.165***	-0.166***
	(-10.57)	(-10.65)
ROA	0.113***	0.113***
	(3.22)	(3.22)
Growth	0.004	0.004
	(1.24)	(1.16)

续表

	(1) Ratio	(2) Ratio
SOE	-0.044***	-0.044***
	(-3.73)	(-3.69)
Top1	0.012	0.012
	(0.45)	(0.46)
Inshold	-0.351***	-0.353***
	(-20.25)	(-20.39)
Age	-0.171***	-0.170***
	(-8.38)	(-8.34)
PPE	-0.010	-0.009
	(-0.52)	(-0.45)
MB	0.013***	0.013***
	(9.05)	(9.15)
CFO	0.060**	0.060**
	(2.41)	(2.43)
Constant	-1.202***	-1.228***
	(-10.59)	(-10.86)
Firm	Yes	Yes
Year	Yes	Yes
Industry	Yes	Yes
Observations	22143	22143
R-squared	0.086	0.086

注：***、**、*分别代表1%、5%、10%的显著性水平，括号内报告为t值。

6.5 进一步分析

6.5.1 资本市场开放与高管薪酬结构调整

根据周蕾等（2020）的研究，从高管股权薪酬与货币薪酬价值上的相对变化角度来看，高管薪酬结构的变化可以分为三种类型：（1）主动调整，即薪酬结构变化是由于上市公司所授予的股权数量或者货币薪酬金额的变化所导致的；（2）被动调整，即薪酬结构变化是由上市公司股价变化所导致的；（3）两种变化同时存在且相互抵消，导致薪酬结构未变动。这种情况是指股价变动与股权授予数量或货币薪酬金额变动同时存在，但是两种变化导致的薪酬结构变动相互抵消，使薪酬结构相比于上期并未出现变化。这种情况发生概率较低，而且难以通过数据识别出来，因此研究中排除这种情况。本章参考周蕾等（2020）的做法，将高管薪酬结构变化分为主动调整和被动调整两种类型，设置新变量高管薪酬结构调整（Change）。当高管薪酬结构因所授予的股权数量变化而非股价波动出现上升时，Change 取值为 1；当高管薪酬结构相比上期下降时，Change 取值为 -1；其他情况 Change 取值为 0。以高管薪酬结构调整为被解释变量，使用 Ologit 模型进行回归，检验结果如表 6-12 所示。可知，HSSC 的回归系数显著为正，说明资本市场开放会显著促进高管薪酬结构的主动调整，激励上市公司授予高管更多的股权，使高管薪酬结构发生实质性变化。

表6-12　　　　　资本市场开放与高管薪酬结构调整

	(1) Change	(2) Change
HSSC	0.154***	0.183***
	(3.48)	(4.03)
SSHK	0.069**	0.092***
	(2.27)	(2.73)
Size		-0.098***
		(-6.41)
Leverage		0.394***
		(4.63)
ROA		1.751***
		(6.72)
Growth		0.180***
		(6.32)
SOE		0.318***
		(9.81)
Top1		0.586***
		(6.23)
Age		0.161***
		(3.82)
Bsize		0.001
		(0.16)
Indep		0.653**
		(2.31)
Dual		0.092***
		(2.89)
Constant cut1	-0.905***	-1.695***
	(-7.23)	(-4.48)
Constant cut2	0.919***	0.147
	(7.34)	(0.39)
Year	Yes	Yes
Industry	Yes	Yes
Observations	22716	22716
Pseudo R^2	0.0846	0.0846

注：***、**、*分别代表1%、5%、10%的显著性水平，括号内报告为t值。

6.5.2 资本市场开放与高管薪酬结构的风险承担效应

风险承担是企业在经营决策过程中对于预期收益水平与可接受的收益波动程度的选择结果（Faccio et al., 2016）。企业组织的使命是创造价值，而创造价值意味着企业必须承担一定的风险。企业内诸如创新、并购、固定资产投资等投资活动都属于风险性项目，会受到高管与股东之间代理冲突的直接影响。虽然本章在正文里检验了由资本市场开放导致的高管薪酬结构对企业创新的影响，但是没有对概念范畴更大的企业风险承担进行验证。本章参考 Coles 等（2006）、钱先航和徐业坤（2014）、张敏等（2015）的做法，使用公司股票收益的年度波动率（$t-1$ 年至 $t+1$ 年）作为风险承担 RiskTaking 的代理变量。检验结果如表 6-13 所示，可知资本市场开放显著提高了标的公司的风险承担水平，而且高管薪酬结构在两者之间担任了部分中介路径。说明资本市场开放后标的公司通过给予高管风险性更高的长期激励，激发了高管的风险追逐动机，进而提升了公司整体的风险承担水平。

表 6-13 资本市场开放与高管薪酬结构的风险承担效应

	(1) $RiskTaking_{i,t+1}$	(2) $Ratio_{i,t}$	(3) $RiskTaking_{i,t+1}$
HSSC	0.023***	0.015***	0.022***
	(3.02)	(3.01)	(2.91)
Ratio			0.033***
			(3.18)
Size	-0.062***	0.107***	-0.065***
	(-10.06)	(25.04)	(-10.45)
Leverage	0.106***	-0.163***	0.111***
	(4.80)	(-10.43)	(5.00)
ROA	-0.039	0.116***	-0.045
	(-0.72)	(3.31)	(-0.83)

续表

	(1) $RiskTaking_{i,t+1}$	(2) $Ratio_{i,t}$	(3) $RiskTaking_{i,t+1}$
Growth	0.021***	0.004	0.021***
	(5.02)	(1.34)	(4.95)
SOE	-0.053***	-0.045***	-0.052***
	(-2.97)	(-3.77)	(-2.91)
Top1	-0.019	0.012	-0.019
	(-0.50)	(0.47)	(-0.50)
Inshold	0.088***	-0.352***	0.098***
	(3.65)	(-20.31)	(4.04)
Age	0.007	-0.170***	0.011
	(0.25)	(-8.31)	(0.39)
PPE	0.124***	-0.011	0.125***
	(4.58)	(-0.53)	(4.59)
MB	0.018***	0.013***	0.018***
	(9.15)	(9.24)	(8.94)
CFO	0.043	0.059**	0.040
	(1.31)	(2.38)	(1.23)
Constant	1.444***	-1.192***	1.483***
	(8.97)	(-10.46)	(9.18)
Firm	Yes	Yes	Yes
Year	Yes	Yes	Yes
Industry	Yes	Yes	Yes
Observations	15842	22143	15842
R-squared	0.168	0.086	0.169

注：***、**、* 分别代表 1%、5%、10% 的显著性水平，括号内报告为 t 值。

6.5.3 产权性质的调节效应

产权性质是影响高管薪酬结构创新激励效应的重要因素。相比于非国有企业，国有企业高管的风险偏好应当更为保守。造成这种现象的原因包括：第一，国企高管一般是行政任命，薪酬受到严格的管制，不能合法地拥有企业所有权，高管在风险决策产生的收益中能够享受的份额远低于非国有企业（Hart et al.，1997），创新收益与创新风险严重不对称，更易产生创新惰性（陈修德等，2021）。第二，国企存在的"所有者缺位"问题使针对高管的股东监督力量缺少，高管采取偷懒行为规避风险的机会主义行为得不到有效抑制。第三，国企的企业文化偏向于"不求有功，但求无过"的保守主义，很大程度上抑制了高管的创新积极性。李文贵和余明桂（2012）、余明桂等（2013）的研究证实了国有企业相比于非国有企业风险承担水平更低。李春涛和宋敏（2010）的研究发现，国有产权降低了 CEO 激励对创新的促进作用。本章在此基础上引入产权性质这一影响因素，探究其对高管薪酬结构创新激励效应的调节效应。检验结果如表 6-14 所示。可知，资本市场开放对高管薪酬结构的创新激励效应仅存在于非国有企业样本中，说明企业的国有产权性质降低了高管薪酬结构对创新的促进作用。

表 6-14　　　　　　　　产权性质的调节效应

	(1)	(2)	(3)	(4)	(5)	(6)
	国有企业			非国有企业		
	$RDIN_{i,t+1}$	$RDTA_{i,t+1}$	$Patent_{i,t+1}$	$RDIN_{i,t+1}$	$RDTA_{i,t+1}$	$Patent_{i,t+1}$
HSSC	-0.000	-0.000	0.036	0.002***	0.002***	0.116***
	(-0.26)	(-0.51)	(1.24)	(2.86)	(4.32)	(4.03)
Ratio	0.001	0.001	0.209***	0.002**	0.001***	0.028
	(0.58)	(1.18)	(3.51)	(2.58)	(3.20)	(0.79)
Size	0.004***	0.000	0.064**	0.006***	-0.001**	0.110***
	(4.53)	(0.25)	(2.30)	(7.32)	(-2.14)	(4.65)
Leverage	-0.010***	0.001	0.112	-0.028***	-0.001	0.012
	(-3.40)	(0.53)	(1.11)	(-11.04)	(-1.07)	(0.15)
ROA	0.006	0.010***	0.226	-0.010*	0.006**	0.430**
	(0.94)	(3.03)	(0.97)	(-1.66)	(2.38)	(2.23)

续表

	(1)	(2)	(3)	(4)	(5)	(6)
	国有企业			非国有企业		
	$RDIN_{i,t+1}$	$RDTA_{i,t+1}$	$Patent_{i,t+1}$	$RDIN_{i,t+1}$	$RDTA_{i,t+1}$	$Patent_{i,t+1}$
Growth	-0.003***	-0.000	-0.005	-0.004***	0.001***	-0.022
	(-4.39)	(-0.67)	(-0.25)	(-6.61)	(4.01)	(-1.28)
Top1	0.002	-0.002	-0.605***	-0.018***	-0.007***	-0.065
	(0.36)	(-0.88)	(-3.71)	(-3.70)	(-3.70)	(-0.45)
Inshold	-0.015***	-0.005***	-0.466***	-0.003	-0.003***	-0.305***
	(-4.18)	(-2.74)	(-3.96)	(-1.05)	(-2.60)	(-3.40)
Age	-0.007	-0.004*	0.313**	-0.021***	-0.008***	-0.043
	(-1.62)	(-1.67)	(2.19)	(-6.86)	(-6.51)	(-0.43)
PPE	0.002	0.002	0.295***	0.004	0.006***	0.311***
	(0.55)	(1.29)	(2.76)	(1.03)	(3.75)	(2.73)
MB	0.000	0.000*	-0.017	0.000**	0.000**	-0.008
	(0.07)	(1.75)	(-1.56)	(2.17)	(2.34)	(-1.04)
CFO	-0.005	0.007***	-0.129	-0.009**	0.002	0.097
	(-1.05)	(3.20)	(-0.95)	(-2.21)	(1.21)	(0.74)
Constant	-0.018	0.029**	-0.820	-0.012	0.064***	-0.841
	(-0.76)	(2.46)	(-1.07)	(-0.60)	(7.71)	(-1.37)
Firm	Yes	Yes	Yes	Yes	Yes	Yes
Year	Yes	Yes	Yes	Yes	Yes	Yes
Industry	Yes	Yes	Yes	Yes	Yes	Yes
Observations	5317	5317	7573	10016	10016	11369
R-squared	0.147	0.121	0.047	0.094	0.079	0.033

注：***、**、*分别代表1%、5%、10%的显著性水平，括号内报告为t值。

6.6 本章小结

现有对高管薪酬激励的研究基本只关注了某一种激励方式的影响效果，对于薪酬组合的结构问题缺少研究。随着货币薪酬激励效用的边际递减，货币薪酬在激励高管勇于承担风险方面的不完备性日益凸显，以及我国市场经济改革以来高管薪酬制度的逐步完善，这些都促使我国企业转向多样化的高管薪酬激励模式，为高管薪酬结构研究奠定了客观的现实基础。那么，资本市场开放是否影响了公司对高管薪酬结构的选择？进一步的，作为重要的风险激励机制，资本市场开放对高管薪酬结构的影响是否会改变高管的风险偏好，影响公司的创新活动？

本章聚焦于资本市场开放对高管薪酬结构的影响以及可能产生的创新效应。研究发现：资本市场开放能够显著促进高管薪酬结构调整，提高股权薪酬在高管薪酬中的比例，并且这种促进作用进一步会提升高管的风险承担积极性，促进企业创新。这一结论在经过平行趋势检验、排除非线性关系、替换回归模型、替换衡量指标、更换样本、考虑境外投资者实际进入与持股等稳健性检验后依然成立。进一步分析还发现，资本市场开放对高管薪酬结构的影响主要体现在公司向高管授予更多股权的主动调整上，而非高管薪酬结构的被动调整。资本市场开放对高管薪酬结构的影响会促进企业整体风险承担水平的上升。国有产权会降低高管薪酬结构对企业创新的促进作用。

研究结论与政策建议

本章是在前述实证研究章节的基础上,对本书主要研究结论进行总结,并且结合研究结论为监管部门制度改革、公司高管薪酬激励方案设计、投资者的投资决策提出相关的政策建议,最后指出本书的研究局限以及对未来的研究展望。

7.1 研究结论

本书立足于我国资本市场改革背景,探究以互联互通为代表的新一轮资本市场开放改革对微观高管薪酬激励机制的影响,首先从货币薪酬与股权薪酬两个角度考察资本市场开放的影响,其次探究资本市场开放对高管薪酬结构的影响以及可能的创新效应。货币薪酬激励研究中,当前主要存在两类薪酬乱象:高管超额薪酬问题,表现为静态的高管薪酬水平偏离合理水平;薪酬激励有效性问题,表现为动态的高管薪酬变动与公司业绩的背离。股权激励的应用相对较晚,重点关注公司对股权激励的选择倾向。高管薪酬结构是薪酬契约发挥激励效应的关键,代表公司在货币薪酬与股权薪酬之间的权衡,会对高管的风险偏好与风险决策产生重要影响。企业创新是重要的风险决策内容,也是观测高管薪酬激励结果的重要视角。

第 7 章 研究结论与政策建议

有鉴于此,本书使用互联互通的自然实验场景,分别从上述角度展开资本市场开放对高管薪酬激励的影响研究,通过实证研究得到如下结论:

第一,资本市场开放能够显著降低高管超额薪酬,提高高管薪酬业绩敏感性。影响机制研究发现,资本市场开放对高管货币薪酬的治理作用存在股价信息反馈效应、信息环境改善、股东监督强化三条路径,资本市场开放有利于促进股价在高管薪酬契约中的指导作用,促进标的公司内外部信息环境的改善,加强股东对标的公司的监督力度,从而发挥积极的货币薪酬治理作用。信息环境改善包括内部信息透明度和外部媒体报道和分析师关注度两个方面,说明资本市场开放除了能促进公司内部主动的自律行为提高会计信息质量外,还可以通过外部他律方式提高公司面临的信息披露压力,压缩高管薪酬操纵空间。进一步分析还发现,经由互联互通引入的境外投资者主要通过"用脚投票"的方式发挥治理作用,而非"用手投票"。资本市场开放有助于抑制高管薪酬的过快增长,尤其是薪酬水平本身较高公司的薪酬增长,说明资本市场开放确实有助于抑制天价薪酬问题,促进薪酬回归合理水平。但是资本市场开放对高管超额薪酬的正向治理作用会受到管理者权力的限制,说明作为一种外部治理机制,资本市场开放治理作用的发挥依赖于一定的内部治理环境,只有在内部治理机制的配合之下,资本市场开放才能发挥预期的治理效果。

第二,资本市场开放能够促进公司对股权薪酬的选择,显著提高高管的股权薪酬强度。影响机制研究发现,资本市场开放对高管股权薪酬的促进作用符合委托代理动机和人力资本动机,表明互联互通标的公司会出于缓解高管与股东之间的代理冲突以及留住高管等目的提高股权激励强度。进一步分析还发现,除了货币薪酬和股权薪酬等显性薪酬外,资本市场开放能够显著降低高管隐性薪酬,但是对高管薪酬总额并无显著影响,说明资本市场开放在并未显著影响高管总薪酬的情况下，通过影响货币薪酬与股权薪酬的权衡与选择，改变高管薪酬结构。资本市场开放对高管股权激励的促进作用受到国有产权性质的限制，仅在非国有企业中存在，说明资本市场开放并不能突破国有企业对股权激励的限制，只能在相对自由的环境中发挥股权激励促进作用。

第三，资本市场开放能够显著促进高管薪酬结构调整，提高股权薪酬在高管薪酬中的比例，并且这种促进作用进一步会提升高管的风险承担积极性，促进企业创新。进一步分析还发现，资本市场开放对高管薪酬结构的影响主要体现在公司向高管授予更多股权的主动调整上，而非高管薪酬结构的被动调整，说明资本市场开放下标的公司高管薪酬变动属于主动行为。资本市场开放对高管薪酬结构的影响会促进企业整体风险承担水平的上升，进一步验证了资本市场开放下高管薪酬结构调整的风险激励效应。国有产权会降低高管薪酬结构对企业创新的促进作用，说明薪酬管制严格以及过度风险规避型的企业环境不仅抑制了高管的创新积极性，也降低了高管薪酬激励对企业创新的促进作用。

7.2 政策建议

本书的研究结论不仅对公司在新的制度环境下设计合理有效的高管薪酬契约具有重要参考价值，而且对相关监管部门的制度改革和加强对上市公司的监管提供了新的经验证据，也对投资者的投资选择具有一定参考价值，具体如下：

第一，本书的研究结论一方面支持了互联互通交易制度对内地标的公司高管机会主义行为的治理作用，表明通过引入一批投资经验丰富、信息搜集与解读能力较强的价值投资者能够有效缓解代理问题，保护中小投资者利益；另一方面也支持了互联互通交易制度的实施对标的公司高管薪酬激励方式向股权薪酬转变,高管薪酬结构转向风险激励型,对高管积极承担风险与企业创新具有正向作用,表明互联互通标的公司通过高管薪酬结构调整可以改变高管风险偏好,鼓励高管勇于创新。根据这些研究结论,内地上市公司应当意识到积极申请参与互联互通交易制度改革会为标的公司带来积极的微观治理效应,提高高管薪酬契约的激励有效性。公司应当更加重视高管薪酬结构的调整对于高管风险决策倾向的影响,而不仅局限于货币薪酬或股权薪酬等单一激励方式的发放水平问题,通过薪酬结构的调整可以实现在总薪酬保持稳定的同时促进高管风险承担积极性,促进企业创新。

第二,本书研究结论补充了资本市场开放对微观公司治理的积极作用。相关监管部门借此可以更深刻地认识到资本市场开放对提升高管薪酬契约效率以及微观企业经营的积极作用,对于促进公司国际竞争力提升和宏观经济增长的正向作用。监管部门可以采取包括放松交易限额管制、扩大标的公司范围、开发新的股票市场互联互通等方式,更加积极地推动我国资本市场的对外开放,扩大资本市场开放的广度与强度,发挥资本市场开放的积极作用。同时,也应当意识到作为资本市场影响实体经济的主要机制,股价对微观企业决策具有重要的指导价值。监管部门可以通过敦促上市公司披露更多的私有信息、加强信息披露监管、为投资者创造更为便利的交易环境,提高股价信息的决策有用性,缓解公司的代理冲突。

第三,本书研究结论表明资本市场开放条件下标的公司通过将高管薪酬结构向风险性薪酬占比更高的股权薪酬调整可以有效提高高管的风险承担意愿,促进企业创新。高管薪酬结构调整可以作为有效的风险识别信号,为投资者筛选甄别投资标的提供参考。投资者可以通过观察上市公司的高管薪酬结构,准确判断出高管风险偏好与企业风险水平,进而选择合适的投资对象。

第四,本书进一步研究发现管理者权力会抑制资本市场开放对高管薪酬操纵行为的治理效应，表明作为一种外部治理机制，资本市场开放治理作用的发挥依赖于一定的内部治理环境，在管理者权力过高的环境中作用有限。只有在内部治理机制的配合之下，资本市场开放才能发挥预期的治理效果。监管部门和上市公司应当积极改善内部公司治理结构，加强对管理者的监督，为境外投资者的治理提供良好的内部环境。

7.3 研究局限与展望

为了回答资本市场开放对高管薪酬激励的影响，本书是按照货币薪酬、股权薪酬到高管薪酬结构的研究思路展开的，研究框架完整，具有一定的合理性。由于笔者学术水平、研究精力与时间等多方面的限制，本书还存在一些局限有待于后续研究补充：

第一，本书对于货币薪酬的研究仅关注了超额薪酬与薪酬激励有效性，关注的是静态与动态两种形式的货币薪酬乱象问题的治理。然而，现有研究对高管货币薪酬的研究角度十分多样，包括动态的薪酬刚性、薪酬黏性、薪酬倒挂等问题，还包括薪酬发放过程中的薪酬辩护动机、业绩指标选择或盈余管理等薪酬操纵行为，未来研究可以从这些角度继续补充资本市场开放与高管货币薪酬激励的研究证据，丰富资本市场开放对高管薪酬契约效率影响的研究。

第二，本书对于股权薪酬的研究受制于数据匹配问题使用的主要是高管持股比例指标，虽然该指标与货币薪酬的匹配程度较高，但是相比于更为直观的股权激励计划数据仍然属于间接性指标。为了解决这一问题，未来研究可以专注于总经理个人薪酬激励问题，比如稳健性研究中使用的替代性指标，可以很好地规避股权薪酬数据与货币薪酬数据难以匹配的问题。

第三，本书使用双重差分法探究资本市场开放的影响后果，虽然该方法的使用与现有研究一致且符合政策冲击的研究规范，但是互联互通标的公司的选择并不是随机的。该问题仍然存在内生性问题，尽管稳健性检验中使用了倾向得分匹配方法在一定程度上消除了标的与非标的公司的差异，但是对于两者在遗漏变量上的差异仍然无法有效控制。此外，进入互联互通交易名单并不必然等于境外投资者的进入，未来研究可以从加入陆港通后境外投资者的持股变化补充相关研究证据，还可以进一步探究资本市场开放后引入的境外投资者是否真正参与了公司治理，在公司经营中承担的是价值投资者角色还是价值创造者角色。

参 考 文 献

[1] 白俊,王婉婉.国企民营化与高管的薪酬业绩敏感性——基于我国上市公司民营化样本实践的检验 [J].商业研究,2019 (01):127-138.

[2] 白雅洁,张铁刚.资本市场开放与大股东掏空抑制——掏空动机及约束的调节效应 [J].宏观经济研究,2021 (10):36-49.

[3] 蔡贵龙,柳建华,马新啸.非国有股东治理与国企高管薪酬激励 [J].管理世界,2018,34 (05):137-149.

[4] 蔡贵龙,柳建华,马新啸.非国有股东治理与国企高管薪酬激励 [J].管理世界,2018,34 (05):137-149.

[5] 曹森.交叉上市、治理环境与上市公司超额现金价值 [J].管理科学,2012,25 (04):31-43.

[6] 曹越,胡新玉,刘文溪,等.媒体报道、市场化进程与高管薪酬 [J].中南财经政法大学学报,2016 (03):97-105.

[7] 陈冬华,陈信元,万华林.国有企业中的薪酬管制与在职消费 [J].经济研究,2005 (02):92-101.

[8] 陈冬华,范从来,沈永建,等.职工激励、工资刚性与企业绩效——基于国有非上市公司的经验证据 [J].经济研究,2010,45 (07):116-129.

[9] 陈冬华,梁上坤.在职消费、股权制衡及其经济后果——来自中国上市公司的经验证据 [J].上海立信会计学院学报,2010,24 (01):19-27+97.

[10] 陈华东. 管理者任期、股权激励与企业创新研究 [J]. 中国软科学, 2016 (08): 112-126.

[11] 陈婧, 方军雄. 高铁开通、经理人市场竞争与高管薪酬激励 [J]. 财贸经济, 2020, 41 (12): 132-146.

[12] 陈骏, 徐玉德. 高管薪酬激励会关注债权人利益吗？——基于我国上市公司债务期限约束视角的经验证据 [J]. 会计研究, 2012 (09): 73-81+97.

[13] 陈克兢. 非控股大股东退出威胁能降低企业代理成本吗 [J]. 南开管理评论, 2019, 22 (04): 161-175.

[14] 陈林荣, 刘爱东. 家族企业高管薪酬治理效应的实证研究 [J]. 软科学, 2009, 23 (09): 107-114.

[15] 陈林荣, 裘益政, 韩洪灵. 内部控制与高管薪酬激励契约的有效性 [J]. 商业经济与管理, 2017 (11): 60-72.

[16] 陈胜军, 于渤涵, 李雪雪. 基于政治晋升预期调节作用的国企高管薪酬差距与离职率的关系研究 [J]. 中央财经大学学报, 2020 (04): 98-108+128.

[17] 陈仕华, 李维安. 中国上市公司股票期权：大股东的一个合法性"赎买"工具 [J]. 经济管理, 2012, 34 (03): 50-59.

[18] 陈文强. 控股股东涉入与高管股权激励："监督"还是"合谋"？[J]. 经济管理, 2017, 39 (01): 114-133.

[19] 陈晓珊, 匡贺武. "两职合一"真正起到治理作用了吗？[J]. 当代经济管理, 2018, 40 (04): 22-29.

[20] 陈晓珊, 刘洪铎. 内部控制质量与高管超额薪酬 [J]. 审计研究, 2019 (05): 86-94.

[21] 陈效东, 周嘉南, 黄登仕. 高管人员股权激励与公司非效率投资：抑制或者加剧？[J]. 会计研究, 2016 (07): 42-49+96.

[22] 陈效东. 股权激励的动机差异对投资决策的影响研究

[D]. 成都: 西南交通大学, 2015.

[23] 陈修德, 梁彤缨, 陈波. 区域市场化与高管薪酬契约的管理层权力效应——基于对跨层级塑造作用的考察 [J]. 江汉学术, 2015, 34 (04): 104-114.

[24] 陈修德, 彭玉莲, 吴小节. 中国上市公司CEO薪酬粘性的特征研究 [J]. 管理科学, 2014, 27 (03): 61-74.

[25] 陈艳艳, 郭然. 员工股权激励的国外研究述评: 实施动机与经济后果 [J]. 管理现代化, 2017, 37 (05): 123-129.

[26] 陈运森, 黄健峤, 韩慧云. 股票市场开放提高现金股利水平了吗?——基于"沪港通"的准自然实验 [J]. 会计研究, 2019 (03): 55-62.

[27] 陈运森, 黄健峤. 股票市场开放与企业投资效率——基于"沪港通"的准自然实验 [J]. 金融研究, 2019 (08): 151-170.

[28] 陈运森, 谢德仁. 董事网络、独立董事治理与高管激励 [J]. 金融研究, 2012 (02): 168-182.

[29] 陈震, 丁忠明. 基于管理层权力理论的垄断企业高管薪酬研究 [J]. 中国工业经济, 2011 (09): 119-129.

[30] 陈志广. 高级管理人员报酬的实证研究 [J]. 当代经济科学, 2002 (05): 58-63+70-95.

[31] 陈作华, 陈娇娇, 吴大新. 资本市场开放抑制了高管机会主义减持行为吗?——基于"陆港通"的经验证据 [J]. 证券市场导报, 2022 (05): 35-46.

[32] 谌新民, 刘善敏. 上市公司经营者报酬结构性差异的实证研究 [J]. 经济研究, 2003 (08): 55-63+92.

[33] 程新生, 刘建梅, 陈靖涵. 才能信号抑或薪酬辩护: 超额薪酬与战略信息披露 [J]. 金融研究, 2015 (12): 146-161.

[34] 代彬, 谈星辰, 刘星. 党组织嵌入能否遏制国企高管自

利行为?——来自中国国有上市公司的经验证据 [J]. 西部论坛, 2020, 30 (05): 97-112.

[35] 戴怡蕙. 经理人薪酬与绩效间都是呈现正相关吗?内部董事及总经理权力之调节效果 [J]. 会计审计论丛, 2016, 6 (2): 115-145.

[36] 翟胜宝, 徐亚琴, 杨德明. 媒体能监督国有企业高管在职消费么?[J]. 会计研究, 2015 (05): 57-63+95.

[37] 丁一, 李启佳. 资本市场开放与企业资本结构决策——基于沪港通效应的准自然实验研究 [J]. 河南大学学报(社会科学版), 2020, 60 (04): 44-55.

[38] 董秀良, 张婷, 孙佳辉. 中国企业跨境交叉上市改善了公司治理水平吗?——基于分析师预测准确度的实证检验 [J]. 中国软科学, 2016 (09): 99-111.

[39] 窦欢, 张会丽, 陆正飞. 企业集团、大股东监督与过度投资 [J]. 管理世界, 2014 (07): 134-143+171.

[40] 杜胜利, 翟艳玲. 总经理年度报酬决定因素的实证分析——以我国上市公司为例 [J]. 管理世界, 2005 (08): 114-120.

[41] 杜胜利, 张杰. 独立董事薪酬影响因素的实证研究 [J]. 会计研究, 2004 (09): 82-88.

[42] 杜兴强, 王丽华. 高层管理当局薪酬与上市公司业绩的相关性实证研究 [J]. 会计研究, 2007 (01): 58-65+93.

[43] 杜兴强, 王丽华. 高管薪酬与企业业绩相关性的影响因素分析——基于股权结构、行业特征及最终控制人性质的经验证据 [J]. 上海立信会计学院学报, 2009, 23 (01): 53-65.

[44] 段升森, 迟冬梅, 张玉明. 网络媒体、高管薪酬与代理成本 [J]. 财经论丛, 2019 (03): 63-71.

[45] 方军雄. 高管超额薪酬与公司治理决策 [J]. 管理世界, 2012 (11): 144-155.

[46] 方军雄. 我国上市公司高管的薪酬存在粘性吗？[J]. 经济研究, 2009, 44 (03): 110-124.

[47] 丰若旸, 温军. 沪港通会促进我国国有企业技术创新吗？[J]. 产业经济研究, 2019 (04): 88-100.

[48] 高凤莲, 王志强. 独立董事社会资本与高管薪酬——绩效敏感度 [J]. 经济管理, 2016, 38 (08): 82-97.

[49] 高梦捷, 柳志南. 民营企业金字塔结构、高管超额薪酬与薪酬辩护 [J]. 中国软科学, 2019 (09): 166-174.

[50] 高明华. 中国上市公司高管薪酬指数报告 [M]. 经济科学出版社, 2011.

[51] 耿明斋. 高管薪酬与公司业绩关系的实证分析与对策思考 [J]. 经济体制改革, 2004 (01): 109-112.

[52] 耿云江, 王明晓. 超额在职消费、货币薪酬业绩敏感性与媒体监督——基于中国上市公司的经验证据 [J]. 会计研究, 2016 (09): 55-61.

[53] 谷秀娟, 赵晓鹏. 公司股权、债务与高管薪酬研究 [J]. 商业研究, 2015 (08): 164-170.

[54] 郭佳. 股权激励计划与管理者短视投资行为 [J]. 现代商业, 2022 (17): 103-106.

[55] 郭科琪. 上市公司高管超额薪酬问题研究——基于董事会性别构成的视角 [J]. 财政研究, 2014 (05): 18-21.

[56] 郭阳生, 沈烈, 郭枚香. 沪港通改善了上市公司信息环境吗？——基于分析师关注度的视角 [J]. 证券市场导报, 2018 (10): 35-43.

[57] 郝阳, 龚六堂. 国有、民营混合参股与公司绩效改进 [J]. 经济研究, 2017, 52 (03): 122-135.

[58] 何慧华, 方军雄. 监管型小股东的治理效应：基于财务重述的证据 [J]. 管理世界, 2021, 37 (12): 176-195.

[59] 何慧华, 方军雄. 监管型小股东的治理效应: 基于财务重述的证据 [J]. 管理世界, 2021, 37 (12): 176-195.

[60] 扈文秀, 穆庆榜. 金融高管薪酬与公司绩效关系实证研究 [J]. 管理评论, 2011, 23 (10): 118-124.

[61] 华鸣, 孙谦. 外国投资者降低了新兴市场股价崩盘风险吗——来自"沪港通"的经验证据 [J]. 当代财经, 2018 (01): 57-67.

[62] 黄再胜. 经理薪酬激励风险效应与风险治理研究述评 [J]. 外国经济与管理, 2012, 34 (05): 67-74.

[63] 黄志忠, 郗群. 薪酬制度考虑外部监管了吗——来自中国上市公司的证据 [J]. 南开管理评论, 2009, 12 (01): 49-56.

[64] 纪彰波, 臧日宏. 资本市场开放能够提高股票价格稳定性吗?基于沪港通的经验证据 [J]. 世界经济研究, 2019 (05): 14-26+52+134.

[65] 江伟, 刘丹, 李雯. 薪酬委员会特征与高管薪酬契约——基于中国上市公司的经验研究 [J]. 会计与经济研究, 2013, 27 (03): 3-17.

[66] 蒋弘, 刘星. 大股东股权制衡与上市公司并购绩效 [J]. 南方经济, 2012 (09): 32-46.

[67] 蒋涛, 廖歆欣. 货币薪酬结构与在职消费——替代还是互补 [J]. 重庆大学学报(社会科学版), 2022, 28 (01): 81-94.

[68] 黎文靖, 胡玉明. 国企内部薪酬差距激励了谁? [J]. 经济研究, 2012, 47 (12): 125-136.

[69] 黎文靖, 郑曼妮. 实质性创新还是策略性创新?——宏观产业政策对微观企业创新的影响 [J]. 经济研究, 2016, 51 (04): 60-73.

[70] 李春涛, 刘贝贝, 周鹏, 等. 它山之石: QFII与上市公司信息披露 [J]. 金融研究, 2018 (12): 138-156.

[71] 李春涛, 宋敏. 中国制造业企业的创新活动: 所有制和CEO激励的作用 [J]. 经济研究, 2010, 45 (05): 55-67.

[72] 李昊洋, 程小可, 李馨子. 投资者调研与高管薪酬契约有效性研究 [J]. 当代财经, 2017 (03): 81-90.

[73] 李静, 董秀良. 资本市场开放对企业透明度的影响 [J]. 湖北社会科学, 2021 (01): 87-97.

[74] 李蕾, 韩立岩. 价值投资还是价值创造?——基于境内外机构投资者比较的经验研究 [J]. 经济学 (季刊), 2014, 13 (01): 351-372.

[75] 李善民, 王彩萍. 机构持股与上市公司高级管理层薪酬关系实证研究 [J]. 管理评论, 2007 (01): 41-48+64.

[76] 李四海, 江新峰, 宋献中. 高管年龄与薪酬激励: 理论路径与经验证据 [J]. 中国工业经济, 2015 (05): 122-134.

[77] 李维安, 刘绪光, 陈靖涵. 经理才能、公司治理与契约参照点——中国上市公司高管薪酬决定因素的理论与实证分析 [J]. 南开管理评论, 2010, 13 (02): 4-15.

[78] 李文贵, 余明桂. 所有权性质、市场化进程与企业风险承担 [J]. 中国工业经济, 2012 (12): 115-127.

[79] 李晓玲, 胡欢, 刘中燕. 分析师关注与薪酬业绩敏感性: 基于职业声誉和产权性质视角 [J]. 商业经济与管理, 2015 (07): 34-45.

[80] 李垣, 张完定. 管理者激励组合的理论探讨 [J]. 管理工程学报, 2002 (03): 26-30.

[81] 李月梅, 刘涛. 股权激励影响因素研究 [J]. 陕西科技大学学报, 2010, 28 (01): 153-158.

[82] 李增泉. 激励机制与企业绩效——一项基于上市公司的实证研究 [J]. 会计研究, 2000 (01): 24-30.

[83] 李争光, 年洁, 李萍, 等. 机构投资者异质性与高管薪

酬［J］．财务研究，2018（05）：55－68．

［84］连立帅，朱松，陈关亭．资本市场开放、非财务信息定价与企业投资——基于沪深港通交易制度的经验证据［J］．管理世界，2019，35（08）：136－154．

［85］梁上坤，陈冬华．业绩波动性与高管薪酬契约选择——来自中国上市公司的经验证据［J］．金融研究，2014（01）：167－179．

［86］梁上坤．股权激励强度是否会影响公司费用黏性［J］．世界经济，2016，39（06）：168－192．

［87］林乐，谢德仁，陈运森．实际控制人监督、行业竞争与经理人激励——来自私人控股上市公司的经验证据［J］．会计研究，2013（09）：36－43＋96．

［88］刘宝华，王雷．业绩型股权激励、行权限制与企业创新［J］．南开管理评论，2018，21（01）：17－27＋38．

［89］刘贝贝．卖空的公司治理效应：来自高管薪酬业绩敏感性的证据［J］．财贸研究，2021，32（06）：80－97．

［90］刘斌，刘星，李世新，等．CEO薪酬与企业业绩互动效应的实证检验［J］．会计研究，2003（03）：35－39＋65．

［91］刘程，王仁曾．资本市场开放能够提高公司投资效率吗？——来自"沪港通"的经验证据［J］．证券市场导报，2019（04）：52－61．

［92］刘海飞，柏巍，李冬昕，等．沪港通交易制度能提升中国股票市场稳定性吗？——基于复杂网络的视角［J］．管理科学学报，2018，21（01）：97－110．

［93］刘汉民，薛丽娜，齐宇．独董薪酬激励对经理人超额薪酬的影响：促进或抑制［J］．现代财经（天津财经大学学报），2020，40（06）：32－46．

［94］刘慧龙．控制链长度与公司高管薪酬契约［J］．管理世

界，2017（03）：95-112.

[95] 刘倩茹，徐咏仪，余鹏翼．股权激励收益不足是否影响高管离职？——基于指派模型理论的视角［J］．商业研究，2020（10）：99-106.

[96] 刘西友，韩金红．上市公司薪酬委员会有效性与高管薪酬研究——基于"有效契约论"与"管理权力论"的比较分析［J］．投资研究，2012，31（06）：16-28.

[97] 刘鑫，张雯宇．独立董事参与度对CEO超额薪酬影响研究——基于深度与广度的双元视角［J］．金融评论，2019，11（01）：73-94+125.

[98] 刘星，徐光伟．政府管制、管理层权力与国企高管薪酬刚性［J］．经济科学，2012（01）：86-102.

[99] 刘焱，姚海鑫，杜燕婕．资本市场开放与会计信息可比性——来自"沪港通"的经验证据［J］．财经理论与实践，2020，41（01）：55-62.

[100] 柳志南，白文洁．财务报告问询函影响高管超额薪酬吗？［J］．财经问题研究，2021（05）：102-109.

[101] 卢锐，柳建华，许宁．内部控制、产权与高管薪酬业绩敏感性［J］．会计研究，2011（10）：42-48+96.

[102] 卢锐，赵家悦，刘畅，柳建华．资本市场开放的公司治理效应：基于控股股东股权质押的视角［J］．会计研究，2022（02）：164-178.

[103] 卢锐．管理层权力、薪酬与业绩敏感性分析——来自中国上市公司的经验证据［J］．当代财经，2008（07）：107-112.

[104] 罗大伟，万迪昉．管理者的薪酬结构与公司价值的离差［J］．管理工程学报，2002（04）：101-103.

[105] 罗宏，黄文华．国企分红、在职消费与公司业绩［J］．管理世界，2008（09）：139-148.

[106] 罗宏,刘宝华.债务融资与高管薪酬:承诺还是掠夺[J].当代财经,2014 (07):41-51.

[107] 罗进辉,向元高,林筱勋.本地独立董事监督了吗?——基于国有企业高管薪酬视角的考察[J].会计研究,2018 (07):57-63.

[108] 罗进辉.独立董事的明星效应:基于高管薪酬—业绩敏感性的考察[J].南开管理评论,2014,17 (03):62-73.

[109] 罗进辉.媒体报道与高管薪酬契约有效性[J].金融研究,2018 (03):190-206.

[110] 罗昆,连燕玲,张璇."高官"还是"高薪":何种更易留人?[J].财经研究,2019,45 (02):126-138.

[111] 罗昆.寻租抑或辩护:同业参照效应、超额薪酬增长与薪酬业绩敏感性[J].财贸研究,2015,26 (05):131-138.

[112] 罗玫,陈运森.建立薪酬激励机制会导致高管操纵利润吗?[J].中国会计评论,2010,8 (01):3-16.

[113] 罗棪心,伍利娜.资本市场开放对公司审计的影响——基于"陆港通"背景的实证研究[J].审计研究,2018 (05):65-73.

[114] 吕秀华,张峥,周铭山.交叉上市降低了控股股东与中小股东的代理冲突吗[J].财经科学,2013 (08):39-47.

[115] 吕长江,严明珠,郑慧莲,等.为什么上市公司选择股权激励计划?[J].会计研究,2011 (01):68-75+96.

[116] 吕长江,郑慧莲,严明珠,等.上市公司股权激励制度设计:是激励还是福利?[J].管理世界,2009 (09):133-147+188.

[117] 马德林,杨英.股权结构、债务约束与高管薪酬——以2008—2013年上市公司为例[J].审计与经济研究,2015,30 (02):72-82.

[118] 马惠娴,佟爱琴.卖空机制对高管薪酬契约的治理效应——来自融资融券制度的准自然实验[J].南开管理评论,2019,22(02):61-74.

[119] 马建会,代端.高管激励如何规避过度风险——基于股票期权的视角[J].中国人力资源开发,2012(06):24-28.

[120] 马连福,王元芳,沈小秀.国有企业党组织治理、冗余雇员与高管薪酬契约[J].管理世界,2013(05):100-115+130.

[121] 毛洪涛,周达勇,王新.薪酬委员会在高管薪酬激励有效性中的治理效应研究——基于2002—2010年A股上市公司的实证研究[J].投资研究,2012,31(09):20-41.

[122] 毛磊,王宗军,王玲玲.机构投资者与高管薪酬——中国上市公司研究[J].管理科学,2011,24(05):99-110.

[123] 牟韶红,李启航,陈汉文.内部控制、产权性质与超额在职消费——基于2007—2014年非金融上市公司的经验研究[J].审计研究,2016(04):90-98.

[124] 牛建波.CEO报酬、心理契约与企业绩效[J].经济管理,2004(16):27-33.

[125] 潘弘杰,易荣华.逆向交叉上市可以改善公司治理吗?[J].浙江金融,2017(11):51-58.

[126] 潘泽清,张维.大股东与经营者合谋行为及法律约束措施[J].中国管理科学,2004(06):119-123.

[127] 钱先航,徐业坤.官员更替、政治身份与民营上市公司的风险承担[J].经济学(季刊),2014,13(04):1437-1460.

[128] 乔琳,朱炜,綦好东.QFⅡ网络关系与公司价值——基于中国A股上市公司的实证分析[J].当代财经,2019(08):128-140.

[129] 权小锋,吴世农,文芳. 管理层权力、私有收益与薪酬操纵[J]. 经济研究, 2010, 45 (11): 73-87.

[130] 权烨,王满. 资本市场开放对高管超额薪酬的影响——基于陆港通的经验证据[J]. 财经问题研究, 2022 (06): 63-71.

[131] 任广乾. 管理层权力、薪酬标杆与高管薪酬制定[J]. 中南财经政法大学学报, 2016 (02): 78-85+159-160.

[132] 盛明泉,车鑫. 管理层权力、高管薪酬与公司绩效[J]. 中央财经大学学报, 2016 (05): 97-104.

[133] 师倩,侯德帅."沪港通"机制与股价崩盘风险[J]. 财经理论研究, 2019 (01): 52-65.

[134] 苏冬蔚,熊家财. 股票流动性、股价信息含量与CEO薪酬契约[J]. 经济研究, 2013, 48 (11): 56-70.

[135] 孙即,张文婷. 国有上市公司高管"限薪令"的潜在问题与改进建议[J]. 金融发展研究, 2020 (06): 35-39.

[136] 孙诗璐,汪文生. 资本市场开放与高管薪酬契约有效性——基于"沪港通"的准自然实验[J]. 国际商务(对外经济贸易大学学报), 2020 (04): 144-156.

[137] 孙泽宇,齐保垒. 资本市场开放与高管薪酬契约有效性——基于沪深港通交易制度的准自然实验[J]. 当代财经, 2021 (01): 124-136.

[138] 孙泽宇,齐保垒. 资本市场开放与高管在职消费——基于沪深港通交易制度的准自然实验[J]. 会计研究, 2021 (04): 130-144.

[139] 覃家琦,邵新建,肖立晟. 交叉上市、增长机会与股利政策——基于政府干预假说的检验[J]. 金融研究, 2016 (11): 191-206.

[140] 覃家琦,邵新建. 中国交叉上市公司的投资效率与市场价值——绑定假说还是政府干预假说?[J]. 经济学(季刊),

2016, 15 (03): 1137-1176.

[141] 唐建新, 程利敏, 陈冬. 资本市场开放与自愿性信息披露——基于沪港通和深港通的实验检验 [J]. 经济理论与经济管理, 2021, 41 (02): 85-97.

[142] 唐清泉, 徐欣, 曹媛. 股权激励、研发投入与企业可持续发展——来自中国上市公司的证据 [J]. 山西财经大学学报, 2009, 31 (08): 77-84.

[143] 唐松, 孙铮. 政治关联、高管薪酬与企业未来经营绩效 [J]. 管理世界, 2014 (05): 93-105+187-188.

[144] 唐跃军, 宋渊洋. 价值选择 VS. 价值创造——来自中国市场机构投资者的证据 [J]. 经济学 (季刊), 2010, 9 (02): 609-632.

[145] 田轩, 孟清扬. 股权激励计划能促进企业创新吗 [J]. 南开管理评论, 2018, 21 (03): 176-190.

[146] 佟爱琴, 马惠娴. 卖空的事前威慑、公司治理与高管隐性腐败 [J]. 财贸经济, 2019, 40 (06): 85-100.

[147] 王传彬, 朱学义, 刘建勇, 吴敏艳. 高管薪酬与公司业绩、政府限薪令关系的研究 [J]. 统计与决策, 2012 (20): 161-164.

[148] 王华, 黄之骏. 经营者股权激励、董事会组成与企业价值——基于内生性视角的经验分析 [J]. 管理世界, 2006 (09): 101-116+172.

[149] 王化成, 王裕, 胡静静, 崔倚菁. 独立董事的海外背景与高管薪酬契约 [J]. 东南大学学报 (哲学社会科学版), 2015, 17 (03): 67-75+147.

[150] 王会娟, 张然. 私募股权投资与被投资企业高管薪酬契约——基于公司治理视角的研究 [J]. 管理世界, 2012 (09): 156-167.

[151] 王琨, 肖星. 薪酬委员会建立及其独立性对高管薪酬的影响 [J]. 中国会计与财务研究, 2014 (1): 56-109.

[152] 王倩, 马云霄. 沪港通政策的公司治理效应——基于事件研究法的实证分析 [J]. 金融论坛, 2016, 21 (05): 33-46.

[153] 王素娟. 基于企业成长的中国上市公司高管薪酬结构研究 [D]. 济南: 山东大学, 2014.

[154] 王新, 毛慧贞, 李彦霖. 经理人权力、薪酬结构与企业业绩 [J]. 南开管理评论, 2015, 18 (01): 130-140.

[155] 王亚平, 刘慧龙, 吴联生. 信息透明度、机构投资者与股价同步性 [J]. 金融研究, 2009 (12): 162-174.

[156] 王彦超, 赵婷婷, 纪宇. 反垄断、竞争强度与高管激励 [J]. 财贸经济, 2022, 43 (03): 67-81.

[157] 王烨, 叶玲, 盛明泉. 管理层权力、机会主义动机与股权激励计划设计 [J]. 会计研究, 2012 (10): 35-41+95.

[158] 魏春燕. 创业板公司股权激励的影响因素研究 [J]. 会计研究, 2019 (07): 51-58.

[159] 魏刚, 杨乃鸽. 高级管理层激励与经营绩效关系的实证研究 [J]. 证券市场导报, 2000 (03): 19-29.

[160] 温忠麟, 侯杰泰, 张雷. 调节效应与中介效应的比较和应用 [J]. 心理学报, 2005 (02): 268-274.

[161] 吴先聪. 机构投资者影响了高管薪酬及其私有收益吗?——基于不同特质机构投资者的研究 [J]. 外国经济与管理, 2015, 37 (08): 13-29.

[162] 吴育辉, 吴世农. 高管薪酬: 激励还是自利?——来自中国上市公司的证据 [J]. 会计研究, 2010 (11): 40-48+96-97.

[163] 肖涵, 刘芳. 资本账户开放政策对公司融资行为的影响——基于沪港通政策的实证研究 [J]. 经济经纬, 2019, 36

(03): 58-65.

[164] 肖涵, 刘芳. 资本账户开放政策对公司融资行为的影响——基于沪港通政策的实证研究 [J]. 经济经纬, 2019, 36 (03): 58-65.

[165] 肖淑芳, 刘颖, 刘洋. 股票期权实施中经理人盈余管理行为研究——行权业绩考核指标设置角度 [J]. 会计研究, 2013 (12): 40-46+96.

[166] 肖曙光. 人力资本主导范式下的两权融合与分离 [J]. 中国工业经济, 2009 (03): 111-119.

[167] 谢德仁, 陈运森. 业绩型股权激励、行权业绩条件与股东财富增长 [J]. 金融研究, 2010 (12): 99-114.

[168] 谢德仁, 林乐, 陈运森. 薪酬委员会独立性与更高的经理人报酬—业绩敏感度——基于薪酬辩护假说的分析和检验 [J]. 管理世界, 2012 (01): 121-140+188.

[169] 辛清泉, 林斌, 王彦超. 政府控制、经理薪酬与资本投资 [J]. 经济研究, 2007 (08): 110-122.

[170] 辛清泉, 谭伟强. 市场化改革、企业业绩与国有企业经理薪酬 [J]. 经济研究, 2009, 44 (11): 68-81.

[171] 熊家财, 苏冬蔚. 股票流动性与企业资本配置效率 [J]. 会计研究, 2014 (11): 54-60+97.

[172] 熊剑, 王金. 债权人能够影响高管薪酬契约的制定吗——基于我国上市公司债务成本约束的视角 [J]. 南开管理评论, 2016, 19 (02): 42-51.

[173] 徐细雄, 谭瑾. 高管薪酬契约、参照点效应及其治理效果: 基于行为经济学的理论解释与经验证据 [J]. 南开管理评论, 2014, 17 (04): 36-45.

[174] 徐晓光, 廖文欣, 郑尊信. 沪港通背景下行业间波动溢出效应及形成机理 [J]. 数量经济技术经济研究, 2017, 34

(03): 112-127.

[175] 徐悦, 刘运国, 蔡贵龙. 高管薪酬粘性与企业创新[J]. 会计研究, 2018 (07): 43-49.

[176] 严佳佳, 郭玮, 黄文彬. "沪港通"公告效应比较研究[J]. 经济学动态, 2015 (12): 69-77.

[177] 杨德明, 赵璨. 媒体监督、媒体治理与高管薪酬[J]. 经济研究, 2012, 47 (06): 116-126.

[178] 杨力, 朱砚秋. 股权激励模式对股权激励效果的影响——基于A股市场的经验证据[J]. 山东社会科学, 2017 (03): 102-108.

[179] 杨兴全, 李沙沙. 沪港通如何影响公司现金持有? [J]. 北京工商大学学报（社会科学版）, 2020, 35 (04): 69-80.

[180] 姚成. 薪酬委员会特征对高管薪酬粘性影响的实证检验[J]. 统计与决策, 2019, 35 (17): 176-180.

[181] 于东智, 谷立日. 上市公司管理层持股的激励效用及影响因素[J]. 经济理论与经济管理, 2001 (09): 24-30.

[182] 于震, 张行. "效率契约"还是"管理权力"？——公司治理对CEO股权激励的影响研究[J]. 管理评论, 2020, 32 (10): 259-275.

[183] 余明桂, 李文贵, 潘红波. 管理者过度自信与企业风险承担[J]. 金融研究, 2013 (01): 149-163.

[184] 虞义华, 赵奇锋, 鞠晓生. 发明家高管与企业创新[J]. 中国工业经济, 2018 (03): 136-154.

[185] 袁春生, 唐松莲. 外部董事与高管薪酬激励：经理市场的调节作用——基于民营上市公司的经验研究[J]. 山西财经大学学报, 2015, 37 (05): 84-99.

[186] 袁春生, 祝建军. 经理人市场竞争、经理人激励与上市公司财务舞弊的关系[J]. 财会月刊, 2007 (20): 15-17.

[187] 张必武, 石金涛. 董事会特征、高管薪酬与薪绩敏感性——中国上市公司的经验分析 [J]. 管理科学, 2005 (04): 32-39.

[188] 张晖明, 陈志广. 高级管理人员激励与企业绩效——以沪市上市公司为样本的实证研究 [J]. 世界经济文汇, 2002 (04): 29-37.

[189] 张俊瑞, 赵进文, 张建. 高级管理层激励与上市公司经营绩效相关性的实证分析 [J]. 会计研究, 2003 (09): 29-34.

[190] 张敏, 姜付秀. 机构投资者、企业产权与薪酬契约 [J]. 世界经济, 2010, 33 (08): 43-58.

[191] 张敏, 童丽静, 许浩然. 社会网络与企业风险承担——基于我国上市公司的经验证据 [J]. 管理世界, 2015 (11): 161-175.

[192] 张楠, 卢洪友. 薪酬管制会减少国有企业高管收入吗——来自政府"限薪令"的准自然实验 [J]. 经济学动态, 2017 (03): 24-39.

[193] 张玮倩, 曲延英, 郑迎飞. 媒体负面报道能有效监督高管薪酬吗——基于薪酬替代视角的实证分析 [J]. 山西财经大学学报, 2015, 37 (06): 69-81.

[194] 张兴亮. 高管薪酬研究综述 [J]. 财务研究, 2015 (06): 52-63.

[195] 张昭, 马草原, 王爱萍. 资本市场开放对企业内部薪酬差距的影响——基于"沪港通"的准自然实验 [J]. 经济管理, 2020, 42 (06): 172-191.

[196] 张昭, 马草原, 杨耀武. 薪酬管制会抑制企业高管的超额薪酬吗？——基于2015年"限薪令"的准自然实验 [J]. 当代经济科学, 2021, 43 (05): 114-127.

[197] 赵东, 王爱群, 闫盼盼. 资本市场开放与超额在职消

费——基于"陆港通"的准自然实验[J].证券市场导报,2020(10):60-71.

[198]赵世君,郭川瑞,曹原.高管层股权激励动机差异对企业并购绩效的影响研究[J].国际商务财会,2022(11):7-13.

[199]赵树宽,赵智丽,张婷.中国企业逆向跨境交叉上市符合约束假说吗[J].宏观经济研究,2014(09):56-66+143.

[200]赵息,林德林.股权激励创新效应研究——基于研发投入的双重角色分析[J].研究与发展管理,2019,31(01):87-96+108.

[201]郑志刚.经理人超额薪酬和公司治理——一个文献综述[J].金融评论,2012,4(01):103-112.

[202]钟覃琳,陆正飞.资本市场开放能提高股价信息含量吗?——基于"沪港通"效应的实证检验[J].管理世界,2018,34(01):169-179.

[203]周冬华,方瑄,黄文德.境外投资者与高质量审计需求——来自沪港通政策实施的证据[J].审计研究,2018(06):56-64.

[204]周建波,孙菊生.经营者股权激励的治理效应研究——来自中国上市公司的经验证据[J].经济研究,2003(05):74-82+93.

[205]周开国,周铭山.交叉上市能降低信息不对称吗?——基于AH股的实证分析[J].证券市场导报,2014(12):51-59.

[206]周蕾,周萍华,方岳.高管薪酬结构调整与股价崩盘风险:"利益趋同"还是"堑壕防御"?[J].财贸研究,2020,31(08):87-98.

[207]周黎安,陶婧.政府规模、市场化与地区腐败问题研究[J].经济研究,2009,44(01):57-69.

[208] 周铭山, 张倩倩. "面子工程"还是"真才实干"？——基于政治晋升激励下的国有企业创新研究 [J]. 管理世界, 2016 (12): 116 – 132 + 187 – 188.

[209] 朱德胜, 岳丽君. 管理者薪酬与企业绩效的相关性研究 [J]. 山东财政学院学报, 2004 (06): 45 – 49.

[210] 朱琳, 伊志宏. 资本市场对外开放能够促进企业创新吗？——基于"沪港通"交易制度的经验证据 [J]. 经济管理, 2020, 42 (02): 40 – 57.

[211] 庄明明, 梁权熙. 境外机构投资者能促进企业投资效率提升吗？[J]. 世界经济研究, 2021 (02): 102 – 117 + 136.

[212] 宗文龙, 王玉涛, 魏紫. 股权激励能留住高管吗？——基于中国证券市场的经验证据 [J]. 会计研究, 2013 (09): 58 – 63 + 97.

[213] 邹洋, 张瑞君, 孟庆斌, 等. 资本市场开放能抑制上市公司违规吗？——来自"沪港通"的经验证据 [J]. 中国软科学, 2019 (08): 120 – 134.

[214] Albuquerque A M, De Franco G, Verdi R S. Peer choice in CEO compensation [J]. Journal of Financial Economics, 2013, 108 (1): 160 – 181.

[215] Aggarwal R K, Samwick A A. Executive compensation, strategic competition, and relative performance evaluation: Theory and evidence [J]. The journal of finance, 1999, 54 (6): 1999 – 2043.

[216] Aggarwal R, Erel I, Ferreira M, et al. Does governance travel around the world? Evidence from institutional investors [J]. Journal of financial economics, 2011, 100 (1): 154 – 181.

[217] Agrawal A, Mandelker G N. Managerial incentives and corporate investment and financing decisions [J]. The journal of finance, 1987, 42 (4): 823 – 837.

[218] Almazan A, Hartzell J C, Starks L T. Active institutional shareholders and costs of monitoring: Evidence from executive compensation [J]. Financial management, 2005, 34 (4): 5 - 34.

[219] Anderson R C, Bizjak J M. An empirical examination of the role of the CEO and the compensation committee in structuring executive pay [J]. Journal of Banking & Finance, 2003, 27 (7): 1323 - 1348.

[220] Attaway M C. A study of the relationship between company performance and CEO compensation [J]. American business review, 2000, 18 (1): 77 - 85.

[221] Bae K H, Bailey W, Mao C X. Stock market liberalization and the information environment [J]. Journal of International Money and Finance, 2006, 25 (3): 404 - 428.

[222] Bae K H, Goyal V K. Equity market liberalization and corporate governance [J]. Journal of Corporate Finance, 2010, 16 (5): 609 - 621.

[223] Balkin D B, Markman G D, Gomez - Mejia L R. Is CEO pay in high - technology firms related to innovation? [J]. Academy of management journal, 2000, 43 (6): 1118 - 1129.

[224] Barontini R, Bozzi S. Board compensation and ownership structure: empirical evidence for Italian listed companies [J]. Journal of Management & Governance, 2011, 15 (1): 59 - 89.

[225] Bebchuk L A, Cohen A, Spamann H. The wages of failure: Executive compensation at Bear Stearns and Lehman 2000 - 2008 [J]. Yale J. on Reg., 2010, 27: 257.

[226] Bebchuk L A, Fried J M. Executive compensation as an agency problem [J]. Journal of economic perspectives, 2003, 17 (3): 71 - 92.

[227] Bebchuk L A, Fried J, Walker D. Managerial power and rent extraction in the design of executive compensation [J]. 2002, 69 (3): 751 -846.

[228] Bena J, Ferreira M A, Matos P, et al. Are foreign investors locusts? The long - term effects of foreign institutional ownership [J]. Journal of Financial Economics, 2017, 126 (1): 122 -146.

[229] Bergstresser D, Philippon T. CEO incentives and earnings management [J]. Journal of financial economics, 2006, 80 (3): 511 - 529.

[230] Brander J A, Poitevin M. Managerial compensation and the agency costs of debt finance [J]. Managerial and Decision Economics, 1992, 13 (1): 55 -64.

[231] Brick I E, Palmon O, Wald J K. CEO compensation, director compensation, and firm performance: Evidence of cronyism? [J]. Journal of Corporate Finance, 2006, 12 (3): 403 -423.

[232] Bushman R M, Smith A J. Financial accounting information and corporate governance [J]. Journal of accounting and Economics, 2001, 32 (1 -3): 237 -333.

[233] Canarella G, Gasparyan A. New insights into executive compensation and firm performance: Evidence from a panel of "new economy" firms, 1996 - 2002 [J]. Managerial Finance, 2008, 34 (8): 537 -554.

[234] Cao J, Pan X, Tian G. Disproportional ownership structure and pay - performance relationship: evidence from China's listed firms [J]. Journal of Corporate Finance, 2011, 17 (3): 541 -554.

[235] Carpenter M A, Sanders W G. The effects of top management team pay and firm internationalization on MNC performance [J]. Journal of Management, 2004, 30 (4): 509 -528.

[236] Chan K, Menkveld A J, Yang Z. Information asymmetry and asset prices: Evidence from the China foreign share discount [J]. The Journal of Finance, 2008, 63 (1): 159 – 196.

[237] Chang X, Fu K, Low A, Zhang W. Non – executive employee stock options and corporate innovation [J]. Journal of financial economics, 2015, 115 (1): 168 – 188.

[238] Chhaochharia V, Grinstein Y. CEO compensation and board structure [J]. The Journal of Finance, 2009, 64 (1): 231 – 261.

[239] Claessens S, Djankov S, Lang L H P. The separation of ownership and control in East Asian corporations [J]. Journal of financial Economics, 2000, 58 (1 – 2): 81 – 112.

[240] Coles J L, Daniel N D, Naveen L. Managerial incentives and risk – taking [J]. Journal of financial Economics, 2006, 79 (2): 431 – 468.

[241] Conyon M J, He L. Executive compensation and corporate governance in China [J]. Journal of Corporate Finance, 2011, 17 (4): 1158 – 1175.

[242] Conyon M J, Peck S I. Board control, remuneration committees, and top management compensation [J]. Academy of management journal, 1998, 41 (2): 146 – 157.

[243] Core J E, Guay W R, Van Buskirk A. Market valuations in the new economy: An investigation of what has changed [J]. Journal of Accounting and Economics, 2003, 34 (1 – 3): 43 – 67.

[244] Core J E, Guay W R. Stock option plans for non – executive employees [J]. Journal of financial economics, 2001, 61 (2): 253 – 287.

[245] Core J E, Guay W, Larcker D F. The power of the pen and executive compensation [J]. Journal of financial economics, 2008, 88

(1): 1 - 25.

[246] Core J E, Holthausen R W, Larcker D F. Corporate governance, chief executive officer compensation, and firm performance [J]. Journal of financial economics, 1999, 51 (3): 371 - 406.

[247] Coughlan A T, Schmidt R M. Executive compensation, management turnover, and firm performance: An empirical investigation [J]. Journal of accounting and economics, 1985, 7 (1 - 3): 43 - 66.

[248] Cowherd D M, Levine D I. Product quality and pay equity between lower - level employees and top management: An investigation of distributive justice theory [J]. Administrative Science Quarterly, 1992: 302 - 320.

[249] Croci E, Gonenc H, Ozkan N. CEO compensation, family control, and institutional investors in Continental Europe [J]. Journal of Banking & Finance, 2012, 36 (12): 3318 - 3335.

[250] Cui H, Mak Y T. The relationship between managerial ownership and firm performance in high R&D firms [J]. Journal of corporate finance, 2002, 8 (4): 313 - 336.

[251] Cyert R M, Kang S H, Kumar P. Corporate governance, takeovers, and top - management compensation: Theory and evidence [J]. Management Science, 2002, 48 (4): 453 - 469.

[252] Dechow P M, Sloan R G. Executive incentives and the horizon problem: An empirical investigation [J]. Journal of accounting and Economics, 1991, 14 (1): 51 - 89.

[253] Devers C E, McNamara G, Wiseman R M, et al. Moving closer to the action: Examining compensation design effects on firm risk [J]. Organization Science, 2008, 19 (4): 548 - 566.

[254] Duffhues P, Kabir R. Is the pay - performance relationship always positive?: Evidence from the Netherlands [J]. Journal of multi-

national financial management, 2008, 18 (1): 45 - 60.

[255] Elston J A, Goldberg L G. Executive compensation and agency costs in Germany [J]. Journal of Banking & Finance, 2003, 27 (7): 1391 - 1410.

[256] Faccio M, Marchica M T, Mura R. CEO gender, corporate risk - taking, and the efficiency of capital allocation [J]. Journal of corporate finance, 2016, 39: 193 - 209.

[257] Fama E F. Agency problems and the theory of the firm [J]. Journal of political economy, 1980, 88 (2): 288 - 307.

[258] Faulkender M, Yang J. Inside the black box: The role and composition of compensation peer groups [J]. Journal of Financial Economics, 2010, 96 (2): 257 - 270.

[259] Firth M, Fung P M Y, Rui O M. How ownership and corporate governance influence chief executive pay in China's listed firms [J]. Journal of Business Research, 2007, 60 (7): 776 - 785.

[260] Furceri D, Loungani P, Zdzienicka A. The effects of monetary policy shocks on inequality [J]. Journal of International Money and Finance, 2018, 85: 168 - 186.

[261] Gaver J J, Gaver K M. The relation between nonrecurring accounting transactions and CEO cash compensation [J]. Accounting Review, 1998: 235 - 253.

[262] Gibbons R, Murphy K J. Optimal incentive contracts in the presence of career concerns: Theory and evidence [J]. Journal of political Economy, 1992, 100 (3): 468 - 505.

[263] Grinblatt M, Keloharju M. The investment behavior and performance of various investor types: a study of Finland's unique data set [J]. Journal of financial economics, 2000, 55 (1): 43 - 67.

[264] Gillan S, Starks L T. Corporate governance, corporate

ownership, and the role of institutional investors: A global perspective [J]. Journal of Applied Finance, 2003, 13 (2): 4 – 22.

[265] Grossman S J, Hart O D. Implicit contracts under asymmetric information [J]. The Quarterly Journal of Economics, 1983: 123 – 156.

[266] Guay W R. The sensitivity of CEO wealth to equity risk: an analysis of the magnitude and determinants [J]. Journal of Financial Economics, 1999, 53 (1): 43 – 71.

[267] Gul F A, Cheng L T W, Leung T Y. Perks and the informativeness of stock prices in the Chinese market [J]. Journal of Corporate Finance, 2011, 17 (5): 1410 – 1429.

[268] Hagendorff J, Vallascas F. CEO pay incentives and risk – taking: Evidence from bank acquisitions [J]. Journal of Corporate Finance, 2011, 17 (4): 1078 – 1095.

[269] Hall B J, Liebman J B. Are CEOs really paid like bureaucrats? [J]. The Quarterly Journal of Economics, 1998, 113 (3): 653 – 691.

[270] Hanlon M, Rajgopal S, Shevlin T. Are executive stock options associated with future earnings? [J]. Journal of accounting and economics, 2003, 36 (1 – 3): 3 – 43.

[271] Hart O, Shleifer A, Vishny R W. The proper scope of government: theory and an application to prisons [J]. The Quarterly Journal of Economics, 1997, 112 (4): 1127 – 1161.

[272] Hartzell J C, Starks L T. Institutional investors and executive compensation [J]. The journal of finance, 2003, 58 (6): 2351 – 2374.

[273] Hayek F A. The use of knowledge in society [J]. The American economic review, 1945, 35 (4): 519 – 530.

[274] Henry P B. Stock market liberalization, economic reform, and emerging market equity prices [J]. The Journal of Finance, 2000, 55 (2): 529 -564.

[275] Hill C W L, Phan P. CEO tenure as a determinant of CEO pay [J]. Academy of Management journal, 1991, 34 (3): 707 -717.

[276] Holmström B, Tirole J. Market liquidity and performance monitoring [J]. Journal of Political economy, 1993, 101 (4): 678 - 709.

[277] Holmstrom B. Agency costs and innovation [J]. Journal of Economic Behavior & Organization, 1989, 12 (3): 305 -327.

[278] Holmström B. Moral hazard and observability [J]. The Bell journal of economics, 1979: 74 -91.

[279] Huybrechts J, Voordeckers W, Lybaert N. Entrepreneurial risk taking of private family firms: The influence of a nonfamily CEO and the moderating effect of CEO tenure [J]. Family Business Review, 2013, 26 (2): 161 -179.

[280] Jackson S B, Lopez T J, Reitenga A L. Accounting fundamentals and CEO bonus compensation [J]. Journal of Accounting and Public Policy, 2008, 27 (5): 374 -393.

[281] James G C, Marua S S. Managerialist and human capital explanation for key executive pay premiums [J]. Academy of Management Review, 2003, 46 (1): 63 -73.

[282] Janakiraman S, Radhakrishnan S, Tsang A. Institutional investors, managerial ownership, and executive compensation [J]. Journal of Accounting, Auditing & Finance, 2010, 25 (4): 673 -707.

[283] Jensen M C, Meckling W H. Theory of the firm: Managerial behavior, agency costs and ownership structure [J]. Journal of financial economics, 1976, 3 (4): 305 -360.

[284] Jensen M C, Murphy K J. Performance pay and top – management incentives [J]. Journal of political economy, 1990, 98 (2): 225 – 264.

[285] Jensen M C. The agency cost of overvalued equity and the current state of corporate finance [J]. European Financial Management, 2004, 10 (4): 549 – 565.

[286] Jones D C, Kato T. The determinants of chief executive compensation in transitional economies: Evidence from Bulgaria [J]. Labour Economics, 1996, 3 (3): 319 – 336.

[287] Kale J R, Reis E, Venkateswaran A. Pay inequalities and managerial turnover [J]. Journal of Empirical Finance, 2014, 27: 21 – 39.

[288] Kaplan S N, Minton B. How has CEO turnover changed? Increasingly performance sensitive boards and increasingly uneasy CEOs [J]. SSRN Electronic Journal, 2006, 1 – 34.

[289] Kaplan S N. Top executive rewards and firm performance: A comparison of Japan and the United States [J]. Journal of political economy, 1994, 102 (3): 510 – 546.

[290] Khanna T, Palepu K G. Policy Shocks, Market Intermediaries, and Corporate Strategy: The Evolution of Business Groups in Chile and India [J]. Journal of Economics & Management Strategy, 1999, 8 (2): 271 – 310.

[291] Kim J B, Pevzner M, Xin X. Foreign institutional ownership and auditor choice: Evidence from worldwide institutional ownership [J]. Journal of International Business Studies, 2019, 50 (1): 83 – 110.

[292] Larcker D F. Discussion of "are executive stock options associated with future earnings?" [J]. Journal of Accounting and Economics, 2003, 36 (1 – 3): 91 – 103.

[293] Larraza – Kintana M, Wiseman R M, Gomez – Mejia L R,

et al. Disentangling compensation and employment risks using the behavioral agency model [J]. Strategic Management Journal, 2007, 28 (10): 1001 - 1019.

[294] Lel U. The role of foreign institutional investors in restraining earnings management activities across countries [J]. Journal of International Business Studies, 2019, 50 (6): 895 - 922.

[295] Leone N, Pfeifer G, Faber W, et al. The DLV system for knowledge representation and reasoning [J]. ACM Transactions on Computational Logic (TOCL), 2006, 7 (3): 499 - 562.

[296] Li Y, Lou F, Wang J, Yuan H. A survey of executive compensation contracts in China's listed companies [J]. China Journal of Accounting Research, 2013, 6 (3): 211 - 231.

[297] Loureiro G, Makhija A K, Zhang D. Why Do Some CEOs Work for a One - Dollar Salary? [J]. SSRN Working Paper, 2011: 1 - 76.

[298] Low A. Managerial risk - taking behavior and equity - based compensation [J]. Journal of financial economics, 2009, 92 (3): 470 - 490.

[299] Manso G. Motivating innovation [J]. The journal of finance, 2011, 66 (5): 1823 - 1860.

[300] Matolcsy Z, Shan Y, Seethamraju V. The timing of changes in CEO compensation from cash bonus to equity - based compensation: Determinants and performance consequences [J]. Journal of contemporary accounting & economics, 2012, 8 (2): 78 - 91.

[301] McConaughy D L. Family CEOs vs. nonfamily CEOs in the family - controlled firm: An examination of the level and sensitivity of pay to performance [J]. Family Business Review, 2000, 13 (2): 121 - 131.

[302] McGuire J W, Chiu J S Y, Elbing A O. Executive incomes, sales and profits [J]. The American Economic Review, 1962: 753 – 761.

[303] Mehran H. Executive compensation structure, ownership, and firm performance [J]. Journal of financial economics, 1995, 38 (2): 163 – 184.

[304] Morse A, Nanda V, Seru A. Are incentive contracts rigged by powerful CEOs? [J]. The Journal of Finance, 2011, 66 (5): 1779 – 1821.

[305] Murphy K J. Corporate performance and managerial remuneration: An empirical analysis [J]. Journal of accounting and economics, 1985, 7 (1 – 3): 11 – 42.

[306] Murphy K J. Executive compensation [J]. Handbook of labor economics, 1999, 3: 2485 – 2563.

[307] Murphy K J. Stock – based pay in new economy firms [J]. Journal of Accounting and Economics, 2003, 34 (1 – 3): 129 – 147.

[308] Nyberg A J, Fulmer I S, Gerhart B, et al. Agency theory revisited: CEO return and shareholder interest alignment [J]. Academy of Management Journal, 2010, 53 (5): 1029 – 1049.

[309] Oyer P, Schaefer S. Why do some firms give stock options to all employees? An empirical examination of alternative theories [J]. Journal of financial Economics, 2005, 76 (1): 99 – 133.

[310] Rosenberg M. Stock option compensation in Finland: an analysis of economic determinants, contracting frequency, and design [M]. Swedish School of Economics and Business Administration, 2003.

[311] Ryan Jr H E, Wiggins III R A. The influence of firm – and manager – specific characteristics on the structure of executive compensation [J]. Journal of Corporate Finance, 2001, 7 (2): 101 – 123.

[312] Schultz T W. Investment in human capital [J]. The American economic review, 1961, 51 (1): 1-17.

[313] Seasholes M. Smart foreign traders in emerging markets [J]. unpublished Harvard Business School working paper, 2000.

[314] Shaw K W, Zhang M H. Is CEO cash compensation punished for poor firm performance? [J]. The Accounting Review, 2010, 85 (3): 1065-1093.

[315] Short H, Keasey K. Managerial Ownership and the Performance of Firms: Evidence from the UK [J]. Journal of corporate finance, 1999, 5 (1): 79-101.

[316] Sloan R G. Accounting earnings and top executive compensation [J]. Journal of accounting and Economics, 1993, 16 (1-3): 55-100.

[317] Smith Jr C W, Watts R L. The investment opportunity set and corporate financing, dividend, and compensation policies [J]. Journal of financial Economics, 1992, 32 (3): 263-292.

[318] Stulz R M. The cost of capital in internationally integrated markets: The case of Nestlé [J]. European Financial Management, 1995, 1 (1): 11-22.

[319] Sundaram R K, Yermack D L. Pay me later: Inside debt and its role in managerial compensation [J]. The Journal of Finance, 2007, 62 (4): 1551-1588.

[320] Taussig F W, Barker W S. American corporations and their executives: A statistical inquiry [J]. The Quarterly Journal of Economics, 1925, 40 (1): 1-51.

[321] Uchida K. Determinants of stock option use by Japanese companies [J]. Review of Financial Economics, 2006, 15 (3): 251-269.

[322] Veliyath R. Top management compensation and shareholder returns: unravelling different models of the relationship [J]. Journal of Management Studies, 1999, 36 (1): 123 – 143.

[323] Wowak A J, Hambrick D C, Henderson A D. Do CEOs encounter within – tenure settling up? A multiperiod perspective on executive pay and dismissal [J]. Academy of Management Journal, 2011, 54 (4): 719 – 739.

[324] Wu J, Tu R. CEO stock option pay and R&D spending: a behavioral agency explanation [J]. Journal of Business Research, 2007, 60 (5): 482 – 492.

[325] Xu N, Li X, Yuan Q, et al. Excess perks and stock price crash risk: Evidence from China [J]. Journal of Corporate Finance, 2014, 25: 419 – 434.

[326] Zhang M, Gao S, Guan X, et al. Controlling Shareholder – Manager Collusion and Tunneling: Evidence from C hina [J]. Corporate Governance: An International Review, 2014, 22 (6): 440 – 459.

后 记

时光荏苒，本书定稿之际，我的内心无比激动。一路走来，有泪水，有欢笑，有痛苦，也有徘徊，但更多的是收获。书写的过程虽然一路艰辛、困难重重，却为我30多年的人生旅途中增添了色彩。首先，我要感谢我的导师王满教授。还记得我第一次听王满教授讲授课程，当时她优雅、知性的气质就深深吸引了我，举手投足间散发着魅力。每当我遇到知识瓶颈时，老师会单独找我谈心，给予我鼓励和支持，特别是在我生病期间和遇到困难时，老师一直在我身边给我力量。虽然我的进度比较慢，但老师一路支持与帮助我。回想与老师相处的点点滴滴，她在学业上传道授业解惑，帮我梳理逻辑框架，指点迷津，每当我感到困惑时，她就像一盏明灯，照亮了我前方的道路，给予我指引。同时，老师也在人生感悟和生活态度上言传身教，让我感悟颇多。在老师的影响下，我的心里深深地埋下了一颗种子，希望以后也能如老师一般成为一位知性、睿智、学识渊博、如母亲般在学业和生活中都能给予学生指引的优秀教师。

同时，我要感谢我的家人。感谢我的家人对我的一路支持，在我困惑和迷茫时一直给我力量，我的"军功章"上有你们的一半。特别是我的爱人，谢谢你在背后默默的支持与付出，是你的包容和鼓励一路伴随着我，让我有勇气一路走下去。是你的陪伴和安慰让我重新笑逐颜开，燃起了新的希望。你是一位优秀的工作者，也是一位负责的老公和父亲，感谢一路有你相随。

有太多感恩的话说不尽、道不完，老师和家人的恩情我始终铭记于心，这将成为我今后生活前进的动力。由衷感谢关心和支持我的人们，祝你们日后幸福美满，健康快乐！

权烨
2024 年 1 月 21 日